Das neue 1 x 1 der Persönlichkeit

W0020943

Der Klassiker zum Thema Menschenkenntnis

Inhalt

Geleitwort von Kenneth Blanchard	**6**
1. Einführung	**7**
Machen Sie eine Entdeckungsreise!	9
Die Tiere, die etwas Bedeutendes tun wollten	10
• **Aktion/Übung:** Wann sind Sie besonders effektiv?	11
Warum ist Persönlichkeit wichtig?	12
• **Aktion/Übung:** Wie reagieren Sie auf andere?	13
Wie lässt sich Persönlichkeit erfassen?	14
Dominant – Initiativ – Stetig – Gewissenhaft	14
Das DISG®-Persönlichkeitsmodell	15
Worin sind die Unterschiede begründet?	16
• **Selbst-Test:** Wer bin ich, wer ist der andere?	17
• **Aktion/Übung:** Wie sieht mein „1x1-Persönlichkeits-Profil" aus?	19
Wie kann ich mich besser verstehen?	20
Der „dominante" Verhaltensstil	21
Der „initiative" Verhaltensstil	22
Der „stetige" Verhaltensstil	23
Der „gewissenhafte" Verhaltensstil	24
„Dominante" DISG®-Typen	25
„Initiative" DISG®-Typen	26
„Stetige" DISG®-Typen	27
„Gewissenhafte" DISG®-Typen	28
• **Selbst-Test:** DISG®-Typen richtig einschätzen	29
• **Übersicht:** Das DISG®-Persönlichkeitsmodell im Alltag	30

2. Zeitmanagement und Teamarbeit 31

Persönlichkeit und Zeitmanagement 33

Der „dominante" Zeitmanager 34

Der „initiative" Zeitmanager 35

Der „stetige" Zeitmanager 36

Der „gewissenhafte" Zeitmanager 37

- **Übersicht:** Zeitmanagement-Tipps 38

Persönlichkeit und Teamarbeit 41

Das „dominante" Teammitglied 42

Das „initiative" Teammitglied 43

Das „stetige" Teammitglied 44

Das „gewissenhafte" Teammitglied 45

Wie verhalte ich mich im Team effektiv? 46

- **Übersicht:** So gelingt Teamarbeit 48

3. Partnerschaft und Kindererziehung 49

Persönlichkeit und Partnerschaft 51

Der „dominante" Partner 52

Der „initiative" Partner 54

Der „stetige" Partner 56

Der „gewissenhafte" Partner 58

- **Übersicht:** Wie kann ich mit meinem Partner positiver umgehen? 60

Persönlichkeit und Kindererziehung 61

Das „dominante" Kind 62

Das „initiative" Kind 63

Das „stetige" Kind 64

Das „gewissenhafte" Kind	65
Wie erkenne ich meinen Erziehungsstil?	66
• **Übersicht:** Elternstrategien	67
Wie kann ich „D"- und „I"-Kinder besser fördern?	68
Wie kann ich „S"- und „G"-Kinder besser fördern?	69
Wie Sie das Selbstbewusstsein Ihres Kindes aufbauen	70
• **Übersicht:** Erziehungstipps für Eltern	71

4. Umsetzung 73

Entwicklung einer persönlichen Anpassungsstrategie	75
• **Selbst-Test:** Wie anpassungsfähig sind Sie?	76
Wie entwickeln Sie eine größere Anpassungsfähigkeit?	77
Schritte zu einer größeren Anpassungsfähigkeit	78
• **Übersicht:** 1x1-Checkliste: Grobeinschätzung	80
Persönliche Entwicklungspläne für „D"-Typen	85
Persönliche Entwicklungspläne für „I"-Typen	86
Persönliche Entwicklungspläne für „S"-Typen	86
Persönliche Entwicklungspläne für „G"-Typen	87
• **Aktion/Übung:** Ihre persönliche Anpassungsstrategie	88
Die Verbesserung Ihrer Effektivität	89

Service 90

Buchtipps 90

Web-Adressen 91

Register 92

Impressum 93

Geleitwort von Kenneth Blanchard

Eine Minute für Ihre Persönlichkeit?

Ihre Persönlichkeit zeigt sich darin, wie Sie sich in bestimmten Situationen verhalten. Erfolgreiche Menschen kennen ihre Verhaltenstendenzen. Sie lernen, ihren eigenen Stil so anzupassen, dass sie in einem größeren Aktionsradius effektiver agieren können. In diesem Buch stellen Friedbert Gay und Lothar Seiwert das DISG-Persönlichkeitsmodell vor. Es hilft Ihnen, Ihre Selbstkenntnis zu verbessern und eine größere Anpassungsfähigkeit zu entwickeln. Wir bei „Blanchard Training and Development, Inc." setzen DISG® seit vielen Jahren bei unseren Kunden mit großem Erfolg ein.

Sie können Ihre Persönlichkeit zwar nicht „von einer Minute auf die andere" verändern, doch ich wünsche Ihnen, dass Sie sich die Zeit nehmen, dieses sehr praxisorientierte und anschauliche Grundlagenbuch zu lesen. Ich bin sicher, dass es eine positive Wirkung auf Ihr Leben haben wird. Es begleitet Sie auf Ihrem Weg der Persönlichkeitsentwicklung und wird Ihre persönliche Effektivität als Arbeitnehmer, Teammitglied, Lebenspartner oder Elternteil ganz entscheidend verbessern. Je früher Sie sich auf den Weg machen, desto besser. Viel Glück dabei!

San Diego/California, USA

Dr. Kenneth H. Blanchard, Ph.D.
Co-Autor von „The One Minute Manager Library"

1. Einführung

> »Was mich anbetrifft, so zahle ich für die Fähigkeit, Menschen richtig zu behandeln, mehr als für irgendeine andere auf der ganzen Welt.«
>
> John Davidson Rockefeller

Einführung

Machen Sie eine Entdeckungsreise!

Jeder Mensch ist einzigartig und bevorzugt je nach Situation und Umwelt einen bestimmten Verhaltensstil. Bei manchen Menschen entstehen Spannungen und Unwohlsein, wenn unterschiedliche Persönlichkeiten und damit auch unterschiedliche Verhaltensstile aufeinander treffen.

Menschen fühlen sich am wohlsten, wenn sie ihren bevorzugten Verhaltensstil anwenden können. Um ihnen mehr gerecht zu werden, müssen wir anpassungsfähiger werden, uns also auf die Bedürfnisse einer Person oder Situation einstellen, um Missverständnissen vorzubeugen.

Wenn wir mit anderen Menschen zusammenarbeiten, ist es wichtig, sich bewusst zu machen, dass wir alle unterschiedlich sind und dass es deshalb nötig ist, sich an seine Mitmenschen bis zu einem gewissen Grad anzupassen, damit ein harmonisches Miteinander möglich ist. Sich an das Verhalten anderer und seiner Mitwelt anzupassen stellt keine natürliche, sondern eine durchaus erlernbare Fähigkeit dar. Die Entwicklung der Menschheit hat schließlich eindrucksvoll gezeigt, dass derjenige dauerhaft am erfolgreichsten ist, dem es gelingt, in Übereinstimmung und Harmonie mit seiner Umwelt zu leben.

Wenn Sie auf die Bedürfnisse Ihrer Teamkollegen, Partner und Kinder richtig eingehen, können sich Ihre sozialen Beziehungen, das betriebliche oder familiäre Klima und Ihre gemeinsamen Erfolgserlebnisse ganz entscheidend verbessern.

Mit diesem Buch wollen wir Sie dazu motivieren, sich vor allem mit denjenigen Mitmenschen aus Ihrem beruflichen und privaten Umfeld einmal näher zu beschäftigen, die einen ganz anderen Verhaltensstil haben als Sie selbst.

Bei dieser Entdeckungsreise wünschen wir Ihnen viele „Aha-Erlebnisse" bezüglich Ihrer eigenen Persönlichkeit, neue Erkenntnisse über menschliche Verhaltensweisen und viele konkrete Ansatzpunkte für ein besseres Miteinander in Ihrer täglichen Praxis.
Viel Spaß bei der Umsetzung.

PS: Zugunsten einer leichteren Lesbarkeit haben wir uns in unseren Formulierungen grammatikalisch auf die männlichen Formen beschränkt, also etwa „der" Partner. Selbstverständlich sind aber auch unsere Leserinnen in gleicher Weise angesprochen.

Die Tiere, die etwas Bedeutendes tun wollten

„Eines Tages beschlossen die Tiere, dass sie etwas Bedeutendes tun wollten, um die Probleme der Welt zu lösen. Deshalb organisierten sie eine Schule. Es gab Unterrichtsfächer wie Laufen, Bergsteigen, Schwimmen und Fliegen. Um diese Schule einfacher organisieren zu können, sollten alle Tiere an allen Fächern teilnehmen.

Die Ente

Die initiative Ente zeigte im Schwimmunterricht eine außerordentliche Begabung, ja, sie war zu ihrer Freude sogar besser als der Schwimmlehrer. Sie machte aber nur recht langsame Fortschritte beim Fliegen und war nicht nur im Klettern, sondern auch im Lauftraining sehr schlecht. Da sie beim Laufen so schlecht abschnitt, musste sie das Schwimmen aufgeben und nachmittags länger in der Schule bleiben, um Wettlaufen zu trainieren. Dabei wurden ihre Schwimmhäute so stark beansprucht, dass sie beim Schwimmen nur noch durchschnittliche Ergebnisse erzielen konnte. Aber eine durchschnittliche Leistung war durchaus akzeptabel, und so machte sich niemand größere Sorgen darüber – außer der Ente selbst.

Der Hase

Der gewissenhafte Hase war beim Laufen der Beste, bekam aber ein nervöses Zucken in seinen Beinmuskeln aufgrund des vielen Sondertrainings im Schwimmen. Auch im Flugunterricht konnte der arme Hase nur mangelhafte Leistungen aufweisen.

Das Eichhörnchen

Das stetige Eichhörnchen war außerordentlich gut im Klettern, wurde aber immer mehr entmutigt, weil sein Lehrer von ihm verlangte, dass es beim Flugunterricht vom Boden in die Höhe starten sollte, statt von den Baumwipfeln in die Tiefe. Von der Überanstrengung bekam es Muskelkater und erhielt dadurch nur noch schlechte Noten beim Klettern und Laufen. Der Schwimmunterricht war eine komplette Katastrophe und blieb deshalb unbenotet.

Der Adler

Der dominante Adler war ein Problemkind und wurde strengstens dafür bestraft, dass er nicht gehorchte. Im Kletterunterricht war er immer der Erste, der den Gipfel erreichte. Er bestand aber darauf, auf seine eigene Art und Weise dorthin zu gelangen."

(frei nach Chuck Swindoll: „Home Where Life Makes Up Its Mind", S. 51)

Aktion/Übung

Wann sind Sie besonders effektiv?

Jedes dieser Tiere ist in der Situation oder Umgebung am effektivsten, für die es geschaffen wurde, und es ist dann ineffektiv, wenn es sich außerhalb dieser Situation oder Umgebung befindet. So wie die Tiere aus der Fabel hat auch jeder von uns seine Stärken und Engpässe (Begrenzungen, Schwächen). Auch wir sind dann am effektivsten, wenn wir uns in einer Situation befinden, in der wir unsere Stärken einsetzen können. Befinden wir uns aber in einer Situation, die außerhalb unserer Stärken liegt, sind wir sehr viel weniger effektiv.

Um im Leben erfolgreich zu sein, müssen wir uns zuerst folgende Fragen stellen:
> Was sind meine Stärken?
> Wo liegen meine Engpässe?
> In welchen Situationen kann ich durch den Einsatz meiner Stärken meine Effektivität steigern?

Tragen Sie hier Ihre größten Stärken oder positiven Eigenschaften ein:

1. _Sehr einfühlsam_
2. _Kann mich ständig verbessern_
3. _Freundlich, höflich, nett_
4. _gebildet_
5. _zielstrebig_

Lesen Sie auf den folgenden Seiten,
> warum Persönlichkeit so wichtig ist;
> wer Sie selbst und wer andere sind;
> wie Sie Ihr Wissen über die Verhaltensstile erfolgreich anwenden;
> was Sie in Ihrer beruflichen und persönlichen Praxis damit tun können.

Warum ist Persönlichkeit wichtig?

Die Frage nach der erfolgreichen Persönlichkeit ist so alt wie die Menschheit. Die „eierlegende Wollmilchsau, Version tieftauchfähig und höhenerfahren" gibt es bekanntlich nicht.
Erfolgreiche Menschen haben es jedoch geschafft,

> ihr inneres Potenzial und
> ihr äußeres Verhalten

miteinander in Einklang zu bringen. Sie sind ganz sie selbst und versuchen nicht, bewusst oder unbewusst Rollen zu spielen, die nicht zu ihnen passen. Natürlich ist jeder Mensch einem Beziehungsgeflecht von Anforderungen, Rollen und Betätigungsfeldern aus verschiedenen Lebensbereichen unterworfen, die er erfüllen will, muss, oder glaubt, erfüllen zu müssen. Sie sind in Ihrem Beruf zum Beispiel Führungskraft, Mitarbeiter, Kollege und Projektleiter. Im Privatleben sind Sie vielleicht Ehe- oder Lebenspartner, Vater oder Mutter, Sohn oder Tochter, Freund oder Freundin, Vorstand im Sportverein, Elternbeirat und Nachbar.

Die wirklichen Probleme im Leben entstehen, wenn wir versuchen, zu viele Rollen gleichzeitig zu spielen. Es gibt selbstverständlich Rollen, die wir auf keinen Fall ablegen können, wie die Eltern- oder die Führungsrolle. Doch viele unwichtige und ungeliebte Rollen spielen wir nur, weil sie uns übergestülpt wurden oder weil wir meinen, es ginge nicht ohne uns.
Der einzige Ausweg: Legen Sie alle Nebenrollen ab, die nicht zur Erreichung Ihrer Ziele beitragen, und konzentrieren Sie sich auf Ihre Haupt- und Lieblingsrollen. Nur so entwickeln Sie Ihren ganz persönlichen Stil. Lernen Sie Ihre Stärken und auch Ihre Grenzen kennen, und lernen Sie weiterhin, damit so umzugehen, dass Sie auch kritische Situationen oder Konflikte in Beruf und Partnerschaft souverän meistern können.

In einer Zeit, in der technologische Entwicklungen, wirtschaftliche Rahmenbedingungen und gesellschaftliche Trends immer weniger berechenbar werden und die Halbwertszeit des Wissens immer kürzer wird, ist die einzige Konstante der Mensch – und seine Persönlichkeit. Wer über sich selbst und andere nachdenkt, erhöht seine soziale Kompetenz. Dadurch verbessern sich

> Kommunikations- und Teamfähigkeit,
> Umgang mit kritischen Situationen und Konflikten,
> Verantwortungs- und Selbstbewusstsein.

Instrumente zur Selbstfindung und Verbesserung der Menschenkenntnis helfen bereits heute, den zukünftigen Anforderungen an die Persönlichkeit von morgen schneller gerecht zu werden.

Aktion/Übung

Wie reagieren Sie auf andere?

D

Ich mag Menschen, die:	Ich mag Menschen, die:
☒ gleich zur Sache kommen. ☒ direkt sind. ☒ schnell Entscheidungen treffen.	☒ Zeit zum Reden haben. ☒ freundlich sind. ☒ Kontakt suchen.
Ich mag Menschen nicht, die: ☒ zu viel reden. ☒ mich unterhalten wollen. ☒ mir Anweisungen geben.	**Ich mag Menschen nicht, die:** ☑ unhöflich mit mir umgehen. ☒ distanziert sind. ☑ kühl und zurückhaltend sind.
Ich mag Menschen, die: ☑ diplomatisch und höflich sind. ☑ sinnvolle Dinge tun. ☑ ruhig sind und klar denken.	**Ich mag Menschen, die:** ☒ über Persönliches erzählen, bevor sie zum Geschäftlichen kommen. ☒ Zeit für eine lockere Atmosphäre haben. ☒ sich anhören, wie ich die Dinge sehe.
Ich mag Menschen nicht, die: ☒ wollen, dass ich meine Gefühle offen zeige. ☒ darauf bestehen und drängen, dass ich mich gefühlsgeladenen Situationen sofort stelle. ☒ von mir halbfertige Arbeiten schnell abgeliefert haben wollen.	**Ich mag Menschen nicht, die:** ☒ mir Veränderungen aufzwingen, bevor ich dazu bereit bin. ☒ Veränderungen durchführen um der Veränderung willen. ☒ immer nur Ergebnisse von mir wollen, aber keine Rücksicht auf mich nehmen.

G   **S**

Machen Sie bei den 24 Aussagen maximal 5 mal einen ✓ vor die Begriffe, die am ehesten auf Sie zutreffen und maximal 5 mal ein ✗ vor die Begriffe, die am wenigsten auf Sie zutreffen.

Haben Sie Schwerpunkte Ihres Verhaltens in den Quadranten feststellen können? Oder haben Sie in allen vier Quadranten Ihre Haken und Kreuze angebracht? Alle Kombinationen sind möglich, keine ist negativ oder positiv. Vielleicht können Sie bereits eigene Verhaltenstendenzen erkennen?

Bei allen Menschen können alle vier Verhaltensweisen beobachtet werden. Was uns von anderen unterscheidet, ist die Kombination der einzelnen Schwerpunkte. Alle vier Bereiche können mehr oder weniger effektiv sein. Entscheidend ist, was der Einzelne in bestimmten Situationen daraus macht – oder nicht.

Wie lässt sich Persönlichkeit erfassen?

Der amerikanische Psychologe William Moulton Marston entwickelte in den 20er Jahren auf der Basis umfassender Studien ein ebenso einfaches wie praktikables Persönlichkeitsmodell, das auf Verhaltensforschungen bei „gesunden" Menschen fußt („Emotions of Normal People", New York 1928).

Menschliches Verhalten ist zunächst eine Folge zweier wesentlicher Einflüsse oder Variablen, und zwar je nachdem, ob eine Person

> ihre Umgebung eher als günstig oder ungünstig wahrnimmt

> und sich in ihrem Umfeld als stark oder weniger stark sieht.

Daraus entwickelte Marston ein Zwei-Achsen-Modell mit den Polen

> günstige/ungünstige Wahrnehmung und

> starke oder weniger starke Selbstwahrnehmung.

> aktive/passive Reaktion

Diese beiden Doppel-Polaritäten wurden später in

> extrovertiert/introvertiert und

> aufgaben-/menschenorientiert

> modifiziert. Hieraus ergeben sich vier Quadranten beziehungsweise Grundtypen der Persönlichkeit.

Dominant – Initiativ – Stetig – Gewissenhaft

Auf der Grundlage der beiden Achsenpole beobachtete und beschrieb Marston die vier grundlegenden Verhaltensstile D, I, S und G eines Menschen:

> **D**ominant = aufgabenorientiertes und extrovertiertes Verhalten:

Der Drang, die Kontrolle zu übernehmen und Ergebnisse zu erzielen.
D will Herausforderungen annehmen und siegen.

> **I**nitiativ = extrovertiertes und menschenorientiertes Verhalten:

Der Drang, andere zu motivieren, sich auszudrücken und gehört zu werden.
I will andere überzeugen und beeinflussen.

> **S**tetig = menschenorientiertes und introvertiertes Verhalten:

Der Drang nach Stabilität und Harmonie.
S will andere unterstützen und für geordnete Beziehungen sorgen.

> **G**ewissenhaft = introvertiertes und aufgabenorientiertes Verhalten:

Der Drang, das Richtige „richtig" zu tun.
G will Ärger vermeiden und achtet auf Präzision und Genauigkeit.

Jeder Mensch zeigt Verhaltenstendenzen aus jedem dieser vier Stile. Wir neigen jedoch dazu, je nach beruflichem oder privatem Umfeld einen dieser Stile öfter an den Tag zu legen als die anderen drei.

Das DISG®-Persönlichkeitsmodell

Das DISG®-Modell kategorisiert das Verhalten von Menschen. Aufbauend auf der Theorie von Marston beschrieb der amerikanische Verhaltenspsychologe John G. Geier in den 60er Jahren 15 verschiedene, beobachtbare Verhaltensweisen und Ausprägungen („DISG®-Typen") für die vier Stile, denen er Begriffe wie Entwickler, Förderer, Spezialist, objektiver Denker etc. zuordnete. Inzwischen ist das DISG®-Persönlichkeitsmodell in über 50 Ländern verbreitet und immer weiter verbessert worden.

Eine wichtige Erkenntnis daraus ist, dass jede Verhaltenstendenz aus den vier Bereichen in jeder Persönlichkeitsstruktur vorhanden ist, allerdings fast immer in unterschiedlicher Intensität.

> In einem als ungünstig wahrgenommenen Umfeld wird ein Mensch mit einem hohen D aktiv werden; er versucht, Kontrolle über die Situation zu bekommen und Widerstände zu überwinden.

> Ein hohes G hingegen reagiert eher vorsichtig und versucht, sich rückzuversichern und sich so an die Situation anzupassen, dass Ärger vermieden wird.

In einem freundlichen Umfeld gewinnen die beiden anderen Elemente „I" und „S" die Oberhand:

> Eine Person mit hohem I reagiert in einem freundlichen Umfeld aktiv (= extrovertiert) auf ihr Umfeld. Sie motiviert und überzeugt andere, wirkt optimistisch und sucht unmittelbar den Umgang mit anderen Menschen.

> Ein Mensch mit hohem S sucht in einem als günstig wahrgenommenen Umfeld ebenfalls den Kontakt mit anderen, verhält sich jedoch zurückhaltender als I. Er ist besonnen, unterstützt, stimmt zu, nimmt Rücksicht und sucht echte Beziehungen.

Bei den meisten Menschen herrschen mindestens zwei der vier Verhaltensweisen vor. Bei einem Menschen, der etwa ein hohes D und ein hohes I zeigt, rückt in einer als ungünstig wahrgenommenen Umgebung eher das Verhalten des hohen D in den Vordergrund, während er in einer als günstig wahrgenommenen Situation eher das Verhalten eines hohen I zeigt. Dieser Mensch reagiert immer aktiv auf sein Umfeld, jedoch unter Stress – und wenn er sein Umfeld als negativ empfindet – eher aggressiv und wesentlich ausdrucksstärker.

Worin sind die Unterschiede begründet?

Marstons Theorie besagt, dass die Unterschiede zwischen den Verhaltensstilen sich in ihrer jeweiligen Wahrnehmung gegenüber ihrer Umwelt begründen.

> „D" und „G" stehen in einer engen Beziehung, weil beide ihre Umgebung eher als ungünstig wahrnehmen. Die natürliche Weise, darauf zu reagieren, ist entweder verschlossen oder verschwiegen.

> „I" und „S" ist gemeinsam, dass sie ihre Umgebung eher als günstig wahrnehmen. Sie wirken deshalb sehr offen und aufnahmebereit auf andere.

Ein anderer Aspekt, der nach Marston das Verhalten eines Menschen beeinflusst, ist die Wahrnehmung seiner selbst im Umfeld: Menschen mit dominantem und initiativem Verhaltensstil sehen und fühlen sich selbst stärker als ihre Umgebung. Ihre Strategie besteht darin, diese Umgebung, also Menschen und Situationen, zu prägen und zu beeinflussen.

> Menschen mit dominanten Verhaltenstendenzen sehen die Herausforderungen, die es zu überwinden gilt, weil sie sich für stärker halten als diese Herausforderungen. Sie versuchen, Dinge zu ändern oder zu steuern.

> Menschen mit initiativen Verhaltensweisen hingegen versuchen, andere zu beeinflussen, weil sie das Gefühl haben, in einer günstigen Umwelt stark zu sein, und andere von ihren Ansichten unbedingt überzeugen wollen.

Menschen mit stetigem oder gewissenhaftem Verhaltensstil nehmen sich weniger stark als ihre Umgebung wahr. Ihre Strategie besteht darin, unter den bereits bestehenden Bindungen innerhalb dieser Umgebung erfolgreich zu arbeiten.

> Menschen mit einem stetigen Verhaltensstil wollen die Umwelt bewahren, die sie als günstig betrachten, weil sie sich als weniger stark als ihre Umwelt wahrnehmen und daher große Veränderungen scheuen.

> Menschen mit einem gewissenhaften Verhaltensstil nehmen sich selbst als weniger stark in einer ungünstigen Umwelt wahr, deshalb versuchen Sie, die Dinge sorgfältig zu analysieren und dann daran zu arbeiten, hohe Standards zu erreichen.

Selbst-Test: Wer bin ich – wer ist der andere?

Das Kennenlernen Ihres bevorzugten Verhaltensstils wird Ihnen helfen, durch bessere Selbsterkenntnis effektiver mit sich selbst und anderen umzugehen. Legen Sie bei diesem Test eine Reihenfolge von 1 bis 4 innerhalb jeder der 10 Wortgruppen mit jeweils vier Begriffen fest.*)

Beim Ausfüllen der Spalten 1 und 2 sollten Sie sich in jeder Wortgruppe für das Wort entscheiden, das Ihnen „am ehesten" entspricht (4 Punkte), dann für das, das Ihnen „am wenigsten" entspricht (1 Punkt) und dann für die beiden anderen. Geben Sie 3 Punkte für „am zweitbesten" und 2 Punkte für „am zweitwenigsten". Tragen Sie die Punkte jeweils in die Kästen der Spalte 1 und 2 ein.

	1		2
begeistert	2	konkurrierend	1
entschlossen	4	ausgleichend	4
gewissenhaft	1	gesellig	2
loyal	3	gründlich	3
reserviert	1	freundlich	4
gewinnend	2	aggressiv	1
gutmütig	4	logisch	2
ruhelos	3	entspannt	3
einsichtig	3	beherrscht	2
kontaktfreudig	4	nett	4
anspruchsvoll	2	aufmerksam	3
vorsichtig	1	stur	1
willensstark	2	inspirierend	4
taktvoll	3	beständig	3
mitfühlend	4	hartnäckig	2
verspielt	1	akkurat	1
verbindlich	4	direkt	2
einsichtig	2	fröhlich	3
gesprächig	1	diplomatisch	1
herausfordernd	3	rücksichtsvoll	4

*) Hinweis: Denken Sie sich beim Ausfüllen des Tests in ein bestimmtes Umfeld hinein. Es spielt keine Rolle, ob Sie dies für Ihre berufliche oder private Situation tun.

Sehen Sie nun auf der folgenden Tabelle nach, welche Persönlichkeitsstruktur dem jeweiligen Begriff zugeordnet ist. Dann addieren Sie die Punkte für alle vier Buchstaben (Kontrolle: Gesamtsumme = 100).

Tabelle zur Auflösung des Selbst-Testes:

Begriff	Struktur		Begriff	Struktur
konkurrierend	D		begeistert	I
ausgleichend	S		entschlossen	D
gesellig	I		gewissenhaft	G
gründlich	G		loyal	S
freundlich	I		reserviert	G
aggressiv	D		gewinnend	I
logisch	G		gutmütig	S
entspannt	S		ruhelos	D
beherrscht	G		einsichtig	S
nett	I		kontaktfreudig	I
aufmerksam	S		anspruchsvoll	D
stur	D		vorsichtig	G
inspirierend	I		willensstark	D
beständig	S		taktvoll	G
hartnäckig	D		mitfühlend	S
akkurat	G		verspielt	I
direkt	D		verbindlich	S
fröhlich	I		einsichtig	G
diplomatisch	G		gesprächig	I
rücksichtsvoll	S		herausfordernd	D
2			**1**	

Der Buchstabe mit der höchsten Punktzahl repräsentiert Ihr am stärksten ausgeprägtes Verhalten; die Summen der anderen Buchstaben zeigen Ihre Verhaltenstendenzen in den anderen drei DISG®-Bereichen.

Sie werden feststellen, dass Sie Merkmale von allen Verhaltenstendenzen besitzen. Es gibt also weder „den" Dominanten noch „den" Gewissenhaften in Reinkultur, sondern tatsächlich zahlreiche Kombinationsmöglichkeiten aus allen Bereichen.

Dieser Test kann Ihnen bereits eine grobe Tendenz zu einem der vier Verhaltensstile aufzeigen.*)

Ein Bild sagt mehr als tausend Worte. In einem Flächendiagramm sichtbar gemacht, können Sie bereits umrissartig Ihre Verhaltenstendenzen nach dem DISG®-Modell erkennen.

Beispiel:
D_{15} I_{27} S_{35} G_{23}

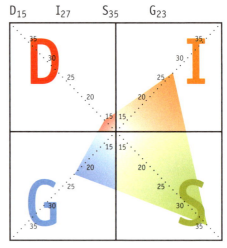

Ihr Ergebnis:
D   I   S   G

Auf der nächsten Seite können Sie Ihr Ergebnis in das vorbereitete Diagramm einzeichnen und daraus Ihre persönliche Verhaltenstendenz ablesen.

*) Wenn Sie mehr über die 15 klassischen DISG-Typen erfahren und mit dem original DISG®-Test Ihr genaues, ausführliches Persönlichkeits-Profil ermitteln wollen, finden Sie einen entsprechenden Buchtipp im Anhang.

Aktion/Übung

Wie sieht mein „1 x 1-Persönlichkeits-Profil" aus?

Tragen Sie nun Ihre Punktwerte für D, I, S und G in das Flächendiagramm ein, und verbinden Sie die vier Punkte auf den Diagonalen zu Ihrem „1 x 1-Persönlichkeits-Profil". Wenn Sie – wie in unserem Beispiel – „Ihre" Flächen in den einzelnen Quadranten mit verschiedenfarbigen Textmarkern ausmalen, werden Ihre persönlichen Verhaltenspräferenzen deutlich sichtbar.

Auswertung: Mein 1 x 1-Persönlichkeits-Profil

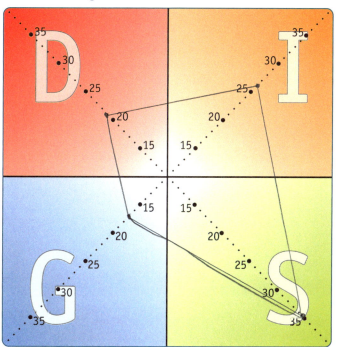

Auch wenn wir natürliche Widerstände und Vorbehalte haben, Menschen zu typisieren und zu katalogisieren, kann es doch riskanter sein, nicht herauszufinden wo die eigenen Tendenzen und Charakteristiken liegen. Denn damit nehmen wir uns die Möglichkeit, uns und andere besser zu verstehen. Auch wenn jeder Mensch einzigartig ist, gibt es doch viele Gemeinsamkeiten und Ähnlichkeiten in der Persönlichkeit und den Verhaltenstendenzen, sodass wir nachweislich unsere Effektivität in vielen Situationen noch verbessern können.

Wie kann ich mich besser verstehen?

Das DISG®-Persönlichkeitsmodell beschreibt Ihren Verhaltensstil, der immer eine Kombination aller vier Verhaltenstendenzen ist. Die Verhaltensweisen, die intensiver vorhanden sind, gebrauchen Sie öfter. Das „beste" Profil gibt es nicht. Alle Verhaltensstile können mehr oder weniger effektiv sein. Sie sind dann am effektivsten, wenn Sie Ihr Verhalten und den Verhaltensstil anderer verstehen, die Erfordernisse der jeweiligen Situation einschätzen und Ihr Verhalten entsprechend anpassen.

Dominanter Stil

Ist motiviert, Probleme zu lösen und schnelle Ergebnisse zu erreichen.
Stellt den Status quo in Frage.
Bevorzugt direkte Antworten, vielfältige Tätigkeiten und Unabhängigkeit.

> „Am liebsten bin ich mein eigener Chef."
> „Ich weiß, was ich will und setze mich dafür ein."
> „Ich fordere mich gerne selbst heraus."

Initiativer Stil

Ist motiviert, andere zu überzeugen und zu beeinflussen.
Ist offen und drückt seine Gedanken und Gefühle in Worten aus.
Arbeitet am liebsten mit anderen zusammen.

> „Ich erzähle gerne Storys und unterhalte andere gerne."
> „Ich kann mich für alles Mögliche begeistern."
> „Ich will frei sein von Detailarbeit und Kontrolle."

Gewissenhafter Stil

Ist motiviert, hohe Standards zu erreichen.
Ist eher diplomatisch und wägt Pro und Contra ab.
Bevorzugt ein Umfeld, welches klar definierte Erwartungen hat.

> „Ich liebe es, Dinge zu analysieren."
> „Ich fühle mich in emotionsgeladenen Situationen unwohl."
> „Ich arbeite gerne mit Menschen zusammen, die organisiert sind und hohe Standards haben."

Stetiger Stil

Ist motiviert, ein berechenbares organisiertes Umfeld zu schaffen.
Ist geduldig und ein guter Zuhörer.
Ist lieber Teammitglied als Teamleiter und hört lieber zu, als selbst zu reden.

> „Ich arbeite gerne mit Menschen zusammen, die miteinander auskommen."
> „Ich helfe anderen gerne."
> „Bei der Erledigung einer Aufgabe kann man sich auf mich verlassen."

Lesen Sie die Ausführungen auf den nächsten Seiten über die verschiedenen Verhaltensstile immer unter der Prämisse: „Je stärker D, I, S oder G bei mir oder anderen ist, desto mehr treffen diese Aussagen auch auf mich und andere zu ..."

Der „dominante" Verhaltensstil

Menschen mit dominantem Verhaltensstil gestalten ihre Umgebung, indem sie Widerstände überwinden, um Ergebnisse zu erzielen. Sie zeigen von sich aus Initiative, haben Freude am Wettbewerb und sind im Allgemeinen direkt, konkret und geradeheraus – manchmal auch grob. Sie stehen gern im Mittelpunkt und lieben es, ihr Umfeld zu kontrollieren. Menschen mit hohem D reagieren positiv auf schwierige Aufgabenstellungen und große Herausforderungen. Sie verlangen viel – von sich und anderen. Sie haben viel Energie und können eine starke Willenskraft entwickeln, um ihre Ziele zu erreichen oder sie gegebenenfalls gegenüber anderen durchzusetzen.

Kreuzen Sie an, was auf Sie oder Ihre „Zielperson" zutrifft:

Stärken/Verhaltenstendenzen
- [ ] übernimmt das Kommando
- [ ] veranlasst Dinge und bringt sie ins Rollen
- [ ] zielt auf sofortige Ergebnisse
- [ ] trifft schnelle Entscheidungen
- [ ] nimmt Herausforderungen an
- [ ] stellt bestehende Zustände in Frage
- [ ] packt Probleme geradewegs an

Das ideale Umfeld für „Dominante"
- [ ] eine starke, einflussreiche Position
- [ ] neue, abwechslungsreiche Aufgaben
- [ ] viel Bewegungsfreiheit bei der Arbeit
- [ ] direkte Antworten, wenig Diskussionen
- [ ] Herausforderungen und Ansehen
- [ ] wenig Kontrolle und Beaufsichtigung
- [ ] Gelegenheit zu persönlichen Erfolgen

Engpässe/Mögliche Schwächen
- [ ] tendiert zu fehlender Sensibilität gegenüber den Gefühlen anderer
- [ ] übersieht Risiken und Warnungen
- [ ] stellt zu hohe Ansprüche an andere
- [ ] verursacht Schwierigkeiten in Teams
- [ ] nimmt sich zu viel auf einmal vor
- [ ] tendiert dazu, wichtige Details zu vernachlässigen
- [ ] übertreibt die Kontrolle von anderen

„D" braucht andere, die
- [ ] gerne Routine-Arbeiten erledigen
- [ ] besonnen und mit Vorsicht handeln
- [ ] auf Details und Fakten achten
- [ ] das Für und Wider gegenüberstellen
- [ ] Risiken abschätzen und berechnen
- [ ] Grundlagen erforschen, Details prüfen
- [ ] sichere Entscheidungen vorbereiten

7 hervorstechende Eigenschaften von Menschen mit hohem „D":
> großes Selbstvertrauen
> mutig
> ergebnisorientiert
> bestimmend
> wetteifernd
> durchsetzungsfähig
> direkt, offen

Tipps zur persönlichen Entwicklung
> mehr Geduld aufbringen, zuhören
> auf die Bedürfnisse anderer eingehen
> die Beweggründe anderer ausreichend erläutern

Zusammenfassung
„D" beeinflusst gerne seine Umwelt, fühlt sich durch Widerstände herausgefordert und will Ergebnisse erzielen.

Beachten Sie dazu auch Seite 25 „Dominante" DISG®-Typen.

Der „initiative" Verhaltensstil

Menschen mit initiativem Verhaltensstil versuchen, andere zu Allianzen zusammenzubringen, um ihre Ziele zu erreichen. Sie versuchen eher, andere zu überzeugen, als sie zu zwingen. Menschen mit hohem „I" fühlen sich wohl, wenn sie ihre sozialen Kontakte pflegen können; sie tun Dinge nicht gern allein und lieben Aktivitäten in der Gruppe. Sie arbeiten dann effektiv, wenn sie keiner Kontrolle oder Detailarbeit unterworfen sind. Sie handeln im Allgemeinen spontan und sind nur so weit wie nötig diszipliniert. Häufig sind sie voller Tatendrang und Energie, welche jedoch unnötig verschwendet werden, weil sie sich in zu vielen Aktivitäten verzetteln oder kein festes Ziel verfolgen.

Kreuzen Sie an, was auf Sie oder Ihre „Zielperson" zutrifft:

Stärken/Verhaltenstendenzen
- [ ] knüpft Kontakte, unterhält andere
- [ ] schafft motivierende Atmosphäre
- [ ] versprüht Optimismus, Begeisterung
- [ ] steht gerne im Mittelpunkt
- [ ] arbeitet gerne in einer Gruppe
- [ ] drückt sich gut und klar aus
- [ ] teilt Gefühle anderen offen mit

Das ideale Umfeld für „Initiative"
- [ ] freundliche, angenehme Atmosphäre
- [ ] Befreiung von Detailarbeit und Kontrolle
- [ ] Gelegenheit, Vorschläge zu machen
- [ ] öffentliche Anerkennung der Fähigkeiten
- [ ] gemeinsame Aktivitäten in der Freizeit
- [ ] Schulung und Beratung anderer
- [ ] freie Meinungsäußerung, Unterstützung

Engpässe/Mögliche Schwächen
- [ ] tendiert dazu, Dinge nicht konsequent zu Ende zu bringen
- [ ] Subjektivität bei Entscheidungen
- [ ] kann Ergebnisse zu optimistisch einschätzen
- [ ] tendiert dazu, zu viel zu reden, handelt zu impulsiv
- [ ] versucht, zu viel auf einmal zu tun
- [ ] mag es nicht, allein sein zu müssen
- [ ] hat unbegründete Angst vor Ablehnung

„I" braucht andere, die
- [ ] sich auf eine Aufgabe konzentrieren
- [ ] Routine- und Detailarbeit erledigen
- [ ] aufrichtig, direkt und sachlich reden
- [ ] sich an Zahlen und Fakten orientieren
- [ ] systematisch und geplant arbeiten
- [ ] Dinge statt Menschen bevorzugen
- [ ] Vorgänge abarbeiten und kontrollieren

7 hervorstechende Eigenschaften von Menschen mit hohem „I":
> beziehungsorientiert
> beeinflussend
> begeisternd
> emotional
> gesprächig
> optimistisch
> spontan

Tipps zur persönlichen Entwicklung
> andere realistischer einschätzen
> bei Entscheidungen objektiver sein
> Prioritäten und feste Termine setzen

Zusammenfassung
„I" fühlt sich herausgefordert, wenn andere für neue Aktivitäten gewonnen und zusammengebracht werden müssen.

Beachten Sie dazu auch Seite 26 „Initiative" DISG®-Typen.

Der „stetige" Verhaltensstil

Menschen mit stetigem Verhaltensstil fühlen sich in einer entspannten und freundlichen Atmosphäre wohl, die Sicherheit, klare Vereinbarungen und vorhersehbare Abläufe beinhaltet. Personen mit hohem „S" sind gute Planer. Sie müssen allerdings immer einen Schritt nach dem anderen angehen, statt den ganzen Prozess im Blick zu haben. Sie haben Mühe, sich selbst zu promoten, und vermeiden dies, so gut sie können. Im Allgemeinen zeigen sie nicht so viel Tatendrang und Energie wie Menschen mit dominantem oder initiativem Verhaltensstil. Sie brauchen ständigen starken Zuspruch und Anerkennung für geleistete Arbeit; sie bevorzugen es, Dinge in Ruhe abzuarbeiten.

Kreuzen Sie an, was auf Sie oder Ihre „Zielperson" zutrifft:

Stärken/Verhaltenstendenzen
- [ ] bleibt gerne an einem festen Arbeitsplatz
- [ ] vermittelt, beruhigt aufgeregte Leute
- [ ] konzentriert sich auf die Aufgaben
- [ ] schafft ein stabiles, beständiges Umfeld
- [ ] hält akzeptierte Arbeitsabläufe ein
- [ ] entwickelt spezialisiertes Können
- [ ] hört ruhig, gut und geduldig zu

Das ideale Umfeld für „Stetige"
- [ ] echte, ernsthafte Wertschätzung
- [ ] möglichst keine Konfliktsituation
- [ ] Anerkennung für geleistete Arbeit
- [ ] festes, abgegrenztes Aufgabengebiet
- [ ] Begründungen für Veränderungen
- [ ] geregelte, geordnete Vorgehensweisen
- [ ] Gelegenheiten für persönlichen Austausch

Engpässe/Mögliche Schwächen
- [ ] befürchtet Veränderungen
- [ ] unter Druck keine Termintreue
- [ ] ist zu nachsichtig und tolerant
- [ ] unentschlossen, mangelnde Initiative
- [ ] schiebt Dinge lange vor sich her
- [ ] stellt eigene Wünsche zu sehr zurück
- [ ] ist zu stark von Beziehungen abhängig

„S" braucht andere, die
- [ ] neue Herausforderungen annehmen
- [ ] Hilfe bei schwierigen Problemen bieten
- [ ] schnell auf Veränderungen reagieren
- [ ] Unvorhersehbares bewältigen können
- [ ] Aufgaben delegieren
- [ ] Initiative zeigen, Neues initiieren
- [ ] Unangenehmes direkt angehen

7 hervorstechende Eigenschaften von Menschen mit hohem „S":
> treu, loyal
> teamfähig
> unterstützend
> bescheiden
> bewahrend, geduldig
> pragmatisch
> zuverlässig

Tipps zur persönlichen Entwicklung
> sich Konfrontationen bewusst stellen
> öfter einmal die Initiative ergreifen
> schnelle Veränderungen akzeptieren

Zusammenfassung
„S" fühlt sich herausgefordert, wenn er/sie mit anderen zusammenarbeiten muss, um Ergebnisse zu erreichen.

Beachten Sie dazu auch Seite 27 „Stetige" DISG®-Typen.

Der „gewissenhafte" Verhaltensstil

Menschen mit gewissenhaftem Verhaltensstil bevorzugen Ordnung, Disziplin und eine sachliche Atmosphäre mit der Möglichkeit, Dinge in ausreichender Qualität erledigen zu können. Ihre Vorgehensweisen sind genau geplant, präzise und berücksichtigen alle Einzelheiten. Obwohl Menschen mit hohem „G" gut Strukturen aufbauen können, neigen sie dazu, sehr effizient, aber weniger effektiv zu arbeiten, das heißt, sich in Einzelheiten zu verlieren. Oft beschäftigen sie sich zu sehr mit sich selbst und engagieren sich in Bereichen, in denen sie keine optimale Leistung bringen. Gewissenhafte zeigen weniger Energie als andere.

Kreuzen Sie an, was auf Sie oder Ihre „Zielperson" zutrifft:

Stärken/Verhaltenstendenzen
- [ ] folgt Anweisungen und Normen
- [ ] konzentriert sich auf Details
- [ ] geht diplomatisch mit Menschen um
- [ ] denkt kritisch und prüft Genauigkeit
- [ ] akzeptiert Autoritäten bereitwillig
- [ ] arbeitet unter geregelten Bedingungen
- [ ] entscheidet analytisch, nachdem er alle Daten gesammelt und bewertet hat

Das ideale Umfeld für „Gewissenhafte"
- [ ] eine genaue Aufgabenbeschreibung
- [ ] genügend Zeit zur Aufgabenerledigung
- [ ] Gelegenheit zur sachlichen Kritik
- [ ] Nachfrage nach Detail-/Qualitätsarbeit
- [ ] Beibehaltung bewährter Verfahren
- [ ] Vorbereitung auf Veränderungen
- [ ] Bestätigung und Sicherheitsgarantien

Engpässe/Mögliche Schwächen
- [ ] verstrickt sich in Einzelheiten, Details
- [ ] kann nicht loslassen und/oder delegieren
- [ ] richtet sich genau nach Vorschriften
- [ ] befürchtet, Fehler zu machen
- [ ] zögert, neue Dinge auszuprobieren
- [ ] ist empfindsam bei persönlicher Kritik
- [ ] denkt zu vorsichtig und pessimistisch

„G" braucht andere, die
- [ ] schnelle Entscheidungen treffen
- [ ] Überzeugungsarbeit leisten können
- [ ] Optimismus zeigen und ausstrahlen
- [ ] wichtige Aufgaben gründlich erarbeitet haben wollen
- [ ] unpopuläre Standpunkte aussprechen
- [ ] kompromissfähig und flexibel sind
- [ ] Anweisungen nur als Richtlinien sehen

7 hervorstechende Eigenschaften von Menschen mit hohem „G":
> hohe Maßstäbe
> detailorientiert
> selbstdiszipliniert
> vorsichtig
> analytisch
> logisch, genau
> reserviert

Tipps zur persönlichen Entwicklung
> mehr Optimismus an den Tag legen
> das Verhältnis zwischen Aufwand und Ergebnis überprüfen
> besser mit Gefühlen umgehen

Zusammenfassung
„G" fühlt sich herausgefordert, wenn bekannte und bewährte Vorgehensweisen zur Erzielung optimaler Qualität eingesetzt werden.

Beachten Sie dazu auch Seite 28 „Gewissenhafte" DISG®-Typen.

„Dominante" DISG®-Typen

Sie haben bereits den Verhaltensstil „D" in Reinkultur kennen gelernt (Seite 21). Es gibt aber verschiedene Ausprägungen des D-Stils, der von der zweiten Komponente I, S oder G beeinflusst wird. Auf diese Weise lassen sich vier „dominante" DISG®-Typen unterscheiden, die zu den insgesamt „15 klassischen DISG®-Typen" gehören (der „Eroberer" erscheint sowohl dominant als auch gewissenhaft). Jeder DISG®-Typ hat ganz bestimmte Merkmale, die wir Ihnen kurz vorstellen:

Beispiel-Diagramme

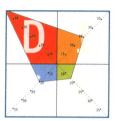

Der Entwickler (hohes „D", keine zweite Präferenz) handelt selbstsicher, unternehmerisch und innovativ. Er sucht neue Horizonte, stellt hohe Erwartungen an sich und andere, legt geringen Wert auf zwischenmenschliche Beziehungen.

Der Eroberer („D" und „G" fast gleich, siehe auch Seite 28) strebt nach guten Leistungen und Perfektion. Er kann alltägliche Entscheidungen schnell treffen; er zeigt eine von Vernunft abgeschwächte Aggressivität und kann manchmal kühl oder unnahbar wirken.

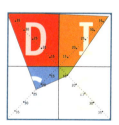

Der Motivator (fast gleich viel „I") ergreift die Initiative und leitet andere in Richtung vorbestimmter Ziele oder Ergebnisse. Er ist charmant und überzeugend, kann aber auch kühl wirken und bei anderen das Gefühl des „Benutztwerdens" erwecken.

Der „ergebnisorientierte Mensch" (zweite Präferenz „I") handelt selbstsicher und kämpft um seine Ziele; er ist direkt und ein schneller Denker: Er kann mangelndes Einfühlungsvermögen und zu wenig Geduld zeigen.

„Initiative" DISG®-Typen

Sie haben bereits den Verhaltensstil „I" in Reinkultur kennen gelernt (Seite 22). Es gibt aber verschiedene Ausprägungen des I-Stils, der von der zweiten Komponente D, S oder G beeinflusst wird. Auf diese Weise lassen sich vier „initiative" DISG®-Typen unterscheiden, die zu den insgesamt „15 klassischen DISG®-Typen" gehören. Jeder DISG®-Typ hat ganz bestimmte Merkmale, die wir Ihnen kurz vorstellen:

Beispiel-Diagramme

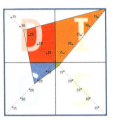

Der Überzeuger (zweite Präferenz „D") arbeitet gern mit anderen und versucht durch sie, seine Ziele zu erreichen. Er sucht Herausforderungen und Abwechslung und neigt dazu, mehr zu versprechen als zu halten; er ist unter Druck leicht zu beeinflussen.

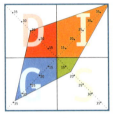

Der Kalkulierer (zweite Präferenz „G") tritt selbstsicher auf. Er verhält sich wettbewerbsorientiert und setzt seine Überzeugungskraft ein. Er erklärt seine Beweggründe, um andere zu motivieren; er arbeitet nach detaillierten Plänen und ist ein kritischer Denker.

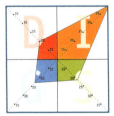

Der Förderer (hohes „I", keine zweite Präferenz) hat viele Kontakte, ist gesellig und geschickt im Umgang mit Menschen. Er kann gut mit Worten umgehen und Ideen mit Begeisterung vertreten; er wäre effektiver durch mehr Zielorientierung und ein besseres Selbst- und Zeitmanagement.

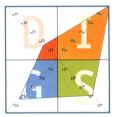

Der Ermutiger (zweite Präferenz „S") zeigt Wärme und Mitgefühl; er löst verständnisvoll zwischenmenschliche Probleme und sucht feste Freundschaften. Er ist umgänglich und ein guter Zuhörer, andererseits oft zu tolerant mit unproduktiven Menschen.

„Stetige" DISG®-Typen

Sie haben bereits den Verhaltensstil „S" in Reinkultur kennen gelernt (Seite 23). Es gibt aber verschiedene Ausprägungen des S-Stils, der von der zweiten Komponente D, I oder G beeinflusst wird. Auf diese Weise lassen sich vier „stetige" DISG®-Typen unterscheiden, die zu den insgesamt „15 klassischen DISG®-Typen" gehören. Jeder DISG®-Typ hat ganz bestimmte Merkmale, die wir Ihnen kurz vorstellen:

Beispiel-Diagramme

Der Leistungsmensch (zweite Präferenz „D") arbeitet intensiv für seine persönlichen Ziele. Er will gute Leistungen erzielen, ist fleißig, strebsam und genau. Manchmal hat er Schwierigkeiten, zu delegieren und Gruppenziele zu akzeptieren.

Der Spezialist (zweite Präferenz „G") ist rücksichtsvoll und geduldig. Er arbeitet nach festgelegten Methoden mit großer Beständigkeit. Er kommt mit verschiedensten Menschen gut aus, gewöhnt sich aber nur schwer an Veränderungen.

Der Vermittler („S" und „I" fast gleich) nimmt Aufgaben wie Beziehungen sehr ernst. Er besitzt ein gutes Einfühlungsvermögen und unterstützt andere bereitwillig. Er kann sich gut organisieren, ist jedoch oft zu tolerant und konfliktscheu.

Der Forscher (zweite Präferenz „G" oder „D") ist objektiv, analytisch und hartnäckig. Er arbeitet gern allein oder zu zweit an schwierigen Problemen. Er zeigt manchmal zu wenig Begeisterung und Verständnis für andere.

„Gewissenhafte" DISG®-Typen

Sie haben bereits den Verhaltensstil „G" in Reinkultur kennen gelernt (Seite 24). Es gibt aber verschiedene Ausprägungen des G-Stils, der von der zweiten Komponente D, I oder S beeinflusst wird. Auf diese Weise lassen sich vier „gewissenhafte" DISG®-Typen unterscheiden, die zu den insgesamt „15 klassischen DISG®-Typen" gehören (der „Eroberer" erscheint sowohl dominant als auch gewissenhaft). Jeder DISG®-Typ hat ganz bestimmte Merkmale, die wir Ihnen kurz vorstellen:

Beispiel-Diagramme

 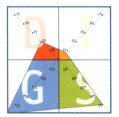

Der Eroberer („G" und „D" fast gleich; siehe auch Seite 25) strebt nach guten Leistungen und Perfektion. Er kann alltägliche Entscheidungen schnell treffen; er zeigt eine von Vernunft abgeschwächte Aggressivität und kann manchmal kühl oder unnahbar wirken.

Der Perfektionist (fast gleich viel „S" wie „G") ist ein präziser und logischer Denker. Er hält sich beruflich wie privat gern an bewährte Arbeitsabläufe und achtet auf Genauigkeit und Details, worin er sich jedoch gerne verzetteln kann.

Der Praktiker (zweite Präferenz „I" oder „S") ist ideal für Qualitätskontrolle und erwartet viel von sich und anderen. Er kann technische und menschliche Probleme gut lösen, lobt jedoch andere für ihre erbrachten Leistungen zu wenig.

Der „Objektive Denker" (zweite Präferenz „S") besitzt hochentwickelte Fähigkeiten zum kritischen Denken. Er legt großen Wert auf Fakten und Logik, denkt jedoch oft zu analytisch und meidet die Einbeziehung in die Gruppe.

Selbst-Test: DISG-Typen richtig einschätzen

Beurteilen Sie, ob die nachfolgenden Aussagen die vier Verhaltensstile D, I, S und G – hier in Reinkultur – „am ehesten", „überdurchschnittlich", „unterdurchschnittlich" oder „am wenigsten" charakterisieren.

Schreiben Sie in jedes Kästchen den entsprechenden Buchstaben D, I, S oder G:
1 = am ehesten   **2** = überdurchschnittlich
3 = unterdurchschnittlich   **4** = am wenigsten

		1	2	3	4
1.	Hilft gerne Menschen, die etwas brauchen				
2.	Liebt es, im Mittelpunkt zu stehen				
3.	Hat Respekt vor Regeln und Autoritäten				
4.	Hat hohe Erwartungen an sich selbst				
5.	Liebt vielfältige Tätigkeiten und Aktivitäten				
6.	Arbeitet beständig an seinen Aufgaben				
7.	Hat ein hohes Selbstbewusstsein				
8.	Drückt sich klar und gut aus				
9.	Ist gerne mit anderen Menschen zusammen				
10.	Ist gegenüber persönlicher Kritik empfindlich				
11.	Ist im Allgemeinen pünktlich				
12.	Erledigt Aufgaben schnell				
13.	Hat gute persönliche Beziehungen				
14.	Will das Außergewöhnliche erreichen				
15.	Geht vorsichtig an neue Aufgaben heran				
16.	Kann zwischenmenschliche Spannungen abbauen				
17.	Ist ein guter kritischer Denker				
18.	Hat Feingefühl für die Bedürfnisse anderer				
19.	Gibt nicht leicht Fehler zu				
20.	Hat zu wenig Mut und traut sich zu wenig zu				

Auflösung:

1. SIGD; 2. IDSG; 3. GSID; 4. DGSI; 5. IDGS;
6. GSDI; 7. DISG; 8. IDGS; 9. ISDG; 10. GSID;
11. GSDI; 12. DISG; 13. ISDG; 14. DGIS;
15. SGID; 16. ISGD; 17. GDSI; 18. SIGD;
19. GDIS; 20. SGID.

Für jede richtige Antwort erhalten Sie 1 Punkt.

Summe: _____ = Ihr persönlicher „1 x 1-PQ" (Persönlichkeits-Quotient)

Auswertung:

Beträgt Ihr „1 x 1-PQ"

> weniger als 40 Punkte: Bitte dieses Kapitel noch einmal von vorne durcharbeiten!

> 41 – 66 Punkte: Gut, Sie haben das DISG®-Persönlichkeitsmodell verstanden!

> 67 – 80 Punkte: Spitze, Sie sind ein Meister im „1 x 1 der Persönlichkeit!"

Übersicht – Das DISG®-Persönlichkeitsmodell im Alltag

DISG beim Einkaufen
- „D" ist der impulsive Einkäufer. Er hat keine Einkaufsliste.
- „I" kann einem genau sagen, wo was im Laden oder im Regal steht.
- „S" ist vorbereitet, hat eine Liste und erledigt sie relativ rasch.
- „G" hat Gutscheine und Handzettel mit Sonderangeboten und vor allem auch seinen Taschenrechner dabei.

DISG in der Küche
- „D" isst schon mal über dem Spülbecken. Er kommt nicht ohne Mikrowelle aus, weil's am schnellsten geht; er probiert gerne neue, exotische Gerichte. Die Küche sieht öfter wie ein Schlachtfeld aus.
- „I" liebt Gourmetessen und bewirtet gerne eine Menge Leute. Er hat die neuesten Küchengeräte, ohne sie zu verwenden; er wird von ausgefallenen Verpackungen angezogen.
- „S" wechselt zwischen einem Dutzend Standardrezepten ab und tauscht auch gerne Rezepte aus; er schätzt die Essenszeit als wichtige Zeit für die Familie. Er isst jeden Tag von den vier Grundnahrungsmittel-Gruppen.
- „G" kann nicht ohne Rezept, Eieruhr und Messbecher kochen; er liest Etiketten und Beschreibungen gründlich. Er kennt den Fett-, Protein- und Kohlehydratgehalt in den Nahrungsmitteln und kauft Küchengeräte, wenn er sie wirklich öfter benötigt und sie qualitativ hochwertig sind.

DISG auf dem Golfplatz
- „D" fährt gern mit dem Golfwagen umher und würde am liebsten noch durch Gruppen von Golfern (Abkürzung!) hindurchfahren.
- „I" verbringt mehr Zeit im Clubhaus („19. Loch") als auf dem Platz.
- „S" spielt immer am gleichen Tag, zur gleichen Zeit, am gleichen Ort, im selben Club.
- „G" zählt die Punkte und spielt streng nach Regeln; er reinigt oft seine Schläger.

DISG beim Ordnen und Suchen
- „D" hat einen unordentlichen Schreibtisch; er sagt: „Da ist es – such es dir."
- „I" will nicht zugeben, dass er nichts findet, und sagt: „Lass mir ein paar Minuten Zeit, dann melde ich mich bei dir."
- „S" hat alles in alphabetischer Reihenfolge oder nach Farben geordnet.
- „G" sagt: „Es ist die 3. Akte unten im Stapel." Selbst wenn der Tisch überquillt, weiß er, wo alles liegt.

2. Zeitmanagement und Teamarbeit

»Sich zu beeilen nützt nichts. Zur rechten Zeit aufzubrechen ist die Hauptsache.«

Jean de la Fontaine

Zeitmanagement und Teamarbeit

Persönlichkeit und Zeitmanagement

Zeit ist das wertvollset Gut, das wir besitzen – übrigens auch das meistbenutzte Hauptwort der deutschen Sprache. Zeit ist mehr wert als Geld, und deshalb müssen wir unser Zeit-Kapital sorgfältig anlegen.

Zeit ist ein wertvolles Kapital:
> Zeit ist ein absolut knappes Gut
> Zeit ist nicht käuflich
> Zeit kann nicht gespart oder gelagert werden
> Zeit kann nicht vermehrt werden
> Zeit verrinnt kontinuierlich und unwiderruflich
> Zeit ist Leben

Unsere Aufgabe im Leben ist es demnach, so viel wie möglich aus der uns zugeteilten Zeit zu machen. Das bedeutet aber nicht, noch mehr Aktivitäten in unsere Tage, Stunden und Minuten hineinzupacken, sondern unsere Lebenszeit intensiver und bewusster für das zu nutzen, was uns wichtig ist – für die schönen Dinge des Lebens, für Genuss und Muße, für Visionen und Erfolg. Eine bessere oder gar optimale Nutzung unserer wertvollen und knappen Zeit erreichen wir nur durch ein bewusstes, kontinuierliches und konsequentes Zeitmanagement.

Zeitmanagement bedeutet, die eigene Arbeit und Zeit zu beherrschen, statt sich von ihnen beherrschen zu lassen. Unser Umgang mit der Zeit hängt dabei entscheidend von unserer Persönlichkeit ab. Je nach Verhaltensstil und Situation zeigen sich gravierende Unterschiede und Schwierigkeiten, nämlich darin:

> wie jeder auf terminliche Zwänge und Zeitdruck reagiert;
> wie gut und konsequent er sich selbst und andere diszipliniert;
> wie viel Energie der Einzelne hat, um Aufgaben rechtzeitig zu erledigen;
> und wie jeder mit dem Setzen und Erreichen von Zielen umgeht.

Unterschiedliches Zeitverhalten können Sie beobachten, wenn Sie mit anderen in Meetings zusammenarbeiten, an diese delegieren oder als „externer Störfaktor" mit ihnen kommunizieren wollen oder müssen.

Unsere nachfolgenden Empfehlungen zeigen Ihnen, wie Sie auf die einzelnen Verhaltensstile bei Zeitproblemen situativ besser reagieren können.

Der „dominante" Zeitmanager

Menschen mit dominantem Verhaltensstil würden am liebsten die Zeit anhalten, um sich ihr nicht unterwerfen zu müssen. Sie wollen die Zeit ausnutzen und das Maximale aus jeder Minute herausholen. Zu Verabredungen kommen sie meist pünktlich, behalten sich jedoch das Recht vor, zu spät zu kommen, wenn etwas für sie „Wichtigeres" dazwischenkommen sollte. Dennoch warten Dominante nicht gern; sie erwarten einfach, dass die anderen pünktlich sind und, falls nötig, auf sie selbst warten.

Zeitmanagement-Verhalten:

> analysiert schnell, erkennt Wesentliches
> hat ständig seine Ziele vor Augen
> bewertet Aktivitäten ergebnisorientiert
> schreibt Dinge nur ungern auf
> macht nur skizzenhaft Pläne
> kann gut Nein sagen, wenn seine Ziele und die Situation nicht zusammenpassen
> will alles sofort, am besten „gestern" erledigt haben
> erledigt Dinge nebenbei, während er mit jemandem spricht
> geht Schreibtischarbeit und zu erledigende Aufgaben zügig an
> ist bestrebt, Zeitfresser gleich zu beseitigen
> hasst langweilige Arbeiten oder Unterforderung
> neigt dazu, zu viele Eisen im Feuer zu haben
> unterschätzt die Länge der benötigten Zeit
> handelt impulsiv, ohne die Dinge richtig zu Ende zu denken
> tendiert zu Durcheinander und Hektik
> tut nur das, was unbedingt gemacht werden muss; ist wenig organisiert

> dominiert Diskussionen, vor allem in Meetings
> forciert Dinge zu schnell und zu oft; meint, Druck auf andere ausüben zu müssen
> will, dass andere sich kurz fassen
> unterbricht andere öfter, möchte selbst aber nicht gestört werden
> unterbricht jeden sofort, wenn ihm etwas „Dringendes" einfällt

Episode:
Dominik Dominator bläst unmittelbar vor dem Start einer von langer Hand vorbereiteten Werbekampagne alle geplanten Aktionen plötzlich wieder ab. Er meint nämlich, mit Hilfe der neuen Werbeagentur Dawtschenko schnellere Umsatzsteigerungen und eine bessere Marktdurchdringung zu erzielen.

10 Zeitmanagement-Tipps für Menschen mit dominantem Verhaltensstil

> Nehmen Sie sich Zeit, Ihre Ziele und Erwartungen aufzuschreiben und sich über wichtige Prioritäten klar zu werden,
> Durchdenken Sie ein Projekt in allen Einzelheiten, und schätzen Sie den Zeitbedarf ab, bevor Sie es übernehmen.
> Seien Sie mit anderen geduldiger, geben Sie ihnen einen zeitlichen Vorlauf.
> Überschütten Sie andere nicht mit zu vielen Projekten auf einmal.
> Unterbrechen Sie andere weniger, hören Sie mehr aktiv zu.
> Bleiben Sie aufmerksam, wenn andere mit Ihnen sprechen; halten Sie Blickkontakt.
> Wetteifern Sie weniger, und arbeiten Sie mehr mit anderen zusammen.
> Erst denken, dann (weniger voreilig) handeln.
> Schalten Sie einen Gang zurück, verlangen Sie von anderen nicht so viel wie von sich selbst.
> Nehmen Sie sich auch einmal bewusst Zeit für Muße, Entspannung und Nichtstun.

Der „initiative" Zeitmanager

Menschen mit initiativem Verhaltensstil tendieren dazu, in der Gegenwart zu denken und zu handeln. Sie achten nicht allzu sehr auf die Uhrzeit, weil diese sie einer Struktur unterwirft. Deshalb kommen Initiative oft zu spät, haben andererseits aber auch Verständnis für das Zuspätkommen anderer: Für sie sind Beziehungen wichtiger als Pünktlichkeit. Initiative begeistern sich gern für neue Projekte oder Ideen und versuchen, zu viele Dinge auf einmal zu erledigen.

Zeitmanagement-Verhalten:

> entwickelt Ziele spontan, ohne sie aufzuschreiben
> nimmt gern neue, interessante Aufgaben an
> konzentriert sich auf die augenblickliche Situation
> wechselt häufig die Prioritäten
> ist oft in zu viele Aufgaben verstrickt
> organisiert sich besser, wenn er dazu gezwungen ist, etwa durch drohenden Imageverlust
> tendiert dazu, Aufgaben nicht gründlich abzuwickeln und von einer Aufgabe zur anderen zu springen
> ist ein optimistischer Planer
> neigt zu spontanen Aktionen
> analysiert selten
> hasst Details
> schlecht organisiertes Büro, Chaos
> mangelnde Disziplin für Zeitplanung
> sagt zwar gern Ja, kann die Arbeit aber doch nicht ausführen
> vermeidet Routinearbeiten und erledigt diese nur, wenn unbedingt notwendig
> ist spontan gesellig; unterhält sich lieber, als zu arbeiten

> unterbricht andere oft und lässt sich auch von anderen unterbrechen
> schätzt den Vorteil einer „Stillen Stunde" erst, wenn er unter Zeitdruck gerät
> verspätet sich oft bei Meetings und ist nicht gut vorbereitet
> bringt sich bei Besprechungen offen ein, lässt sich aber leicht ablenken und reagiert oft zu emotional

Episode:
Inge Initiativle atmet erleichtert auf, als ein externer Anruf von der IHK hereinkommt. Sie unterhält sich lange und freundlich mit dem Anrufer und lässt den Abgabetermin für ein detailliertes Besprechungsprotokoll, an dem sie gerade gelangweilt arbeitet, einfach verstreichen. Sie rechtfertigt dies – jetzt gestresst – damit, dass sie die Chance wahrnehmen konnte, PR-Kontakte nach außen zu pflegen.

10 Zeitmanagement-Tipps für Menschen mit initiativem Verhaltensstil

> Beenden Sie angefangene Aufgaben, bevor Sie etwas Neues beginnen.
> Nehmen Sie Unterbrechungen nicht zum Anlass, sich Tagträumereien hinzugeben.
> Fahren Sie nach Unterbrechungen sofort mit der begonnenen Aufgabe fort.
> Arbeiten Sie konsequent daran, pünktlich zu sein.
> Rennen Sie unwichtigen Dingen nicht hinterher, vergeuden Sie Ihre Energie nicht unnötig.
> Listen Sie alle zu erledigenden Aufgaben auf, erstellen Sie eine To-do-Liste mit Prioritäten, und halten Sie sich daran.
> Erstellen Sie einen Tagesplan, und bringen Sie so mehr Struktur in Ihren Arbeitstag.
> Benutzen Sie ein Zeitplanbuch – auch als Mittel zur Motivation und Selbstdisziplin.
> Räumen Sie Ihren Schreibtisch auf, und misten Sie auch Ihre Ablagekörbe aus.
> Begrenzen Sie die Zeit für Ihren privaten Schwatz, seien Sie weniger gesellig.

Der „stetige" Zeitmanager

Menschen mit stetigem Verhaltensstil sehen die Zeit als Freund an, wenn Sie nicht unter Druck sind. Zeit wird jedoch als Feind empfunden, wenn sie unter extremem Termindruck arbeiten müssen. Sie kommen entweder oft zu früh oder zu spät, je nachdem, was sie gerade zu tun haben. Im Allgemeinen jedoch sind Stetige pünktlich, wenn sie selber für das Gelingen der Aufgabe verantwortlich sind. Sie tolerieren das Zuspätkommen anderer.

Zeitmanagement-Verhalten:

> arbeitet zunächst langsam, aber beständig, gründlich und zuverlässig
> arbeitet Papierberge Stück für Stück durch
> bewertet Zeit- und Termindruck als negativen Stress
> setzt Prioritäten, weil sie Ordnung und Sicherheit schaffen; schreibt sie auch auf
> braucht Zeit, um Dinge in Ruhe zu durchdenken – wird sonst durcheinandergebracht
> bringt seine fachliche Autorität ein
> neigt dazu, gut organisiert zu sein
> sagt zu häufig Ja und vermeidet es, Nein zu sagen, weil es Beziehungen belasten könnte
> vermeidet Aufgaben mit Termindruck zugunsten weniger wichtiger, nicht so dringender Aufgaben
> will Konfrontationen möglichst vermeiden
> unterbricht andere, wenn er sich rückversichern will
> ist bei Sitzungen pünktlich, aber in der Beteiligung zurückhaltend
> mag in Meetings nur ungern Verantwortung übernehmen

> benötigt viel Bestätigung und Feedback, wenn Aufgaben an ihn delegiert wurden, besonders zu Beginn
> wird von zu vielen Aufgaben zur selben Zeit überfordert
> geht eine Sache nach der anderen an

Episode:
Stefan Stetig ist ein langsamer und methodischer Planer: Bereits im August überlegt er genau, was seine Kinder wohl zu Weihnachten brauchen, und hat Mitte Oktober schon die ersten Geschenke besorgt. Er braucht Zeit, um Dinge zu durchdenken, weil er sonst unter Druck kommt, der bei ihm Stress bewirkt. So vermeidet er die von ihm gefürchtete vorweihnachtliche Hektik, indem er alles schon vorher erledigt.

10 Zeitmanagement-Tipps für Menschen mit stetigem Verhaltensstil

> Suchen Sie einmal nach neuen Wegen, um schneller zu gewünschten Ergebnissen zu kommen, statt an bewährten Abläufen festzuhalten.
> Verbessern Sie die Effizienz Ihrer zeitlichen Arbeitsabläufe, beschleunigen Sie Prozesse.
> Halten Sie öfter Rücksprachen mit anderen, um Prioritäten und Aktivitäten abzustimmen.
> Schieben Sie die Lösung zwischenmenschlicher Probleme nicht auf die lange Bank.
> Beginnen Sie Ihren Arbeitstag früher, um Zeitdruck zu vermeiden.
> Denken Sie weniger an den Arbeitsaufwand, sondern mehr an die Ergebnisse.
> Achten Sie auf Endtermine, ohne sich dadurch zu blockieren.
> Lernen Sie, dass geplante Veränderungen Ihr Leben positiv bereichern können.
> Nehmen Sie Dinge einfach selber in die Hand; fangen Sie mit kleinen Sachen an.
> Trauen Sie sich mehr zu. Sprechen Sie lauter. Sagen Sie öfter einmal Nein.

Der „gewissenhafte" Zeitmanager

Menschen mit gewissenhaftem Verhaltensstil werden immer mehr Zeit als andere brauchen, weil sie die Dinge, die sie tun, richtig tun. Oft haben sie einfach nicht genügend Zeit, um alles zu erledigen, was sie sich vorgenommen haben. Sie sind pünktlich, weil sie sich keine unangenehme Situation durch eigenes Zuspätkommen schaffen wollen. Sie erwarten von anderen, dass diese ebenfalls pünktlich sind, und haben für das Zuspätkommen kein Verständnis.

Zeitmanagement-Verhalten:

> tendiert dazu, sich in Einzelheiten zu verlieren
> macht ausführliche, detaillierte Pläne für alle möglichen Tätigkeiten; überanalysiert
> verbringt oft zu viel Zeit mit der Planung, statt sich auf die eigentliche Aktion oder Durchführung zu konzentrieren
> denkt Prioritäten gründlich durch und setzt oft eher zu viele
> sagt Nein, wenn eine neue Aufgabe nicht ins vorhandene Konzept passt
> erarbeitet viele Infos, um eigene Aussagen zu untermauern
> reagiert kritisch und negativ auf Störfaktoren und Zeitfresser, da diese als Leistungsverhinderer empfunden werden
> hält umständliche Präsentationen und braucht zu lange, um auf den Punkt zu kommen
> hat in Konferenzen Schwierigkeiten, zur Entscheidungsfindung zu kommen
> ist bei Meetings immer pünktlich und gut vorbereitet, bringt viele Unterlagen mit
> hält selbst unnütze Vorschriften ein
> sein Schreibtisch ist gut aufgeräumt, alles hat seinen festen Platz

> beschreibt Delegierungsaufträge bis ins letzte Detail
> verlangt detaillierte, formale Berichte und stellt oft Rückfragen, um sicherzustellen, dass alles 100-prozentig richtig gemacht wird

Episode:
Gisela Gewissenhaft tüftelt schon seit Jahren, auch nach Feierabend, an einem umfangreichen Verbesserungsvorschlag zur Bewertung der Kundenbonität und Optimierung des Mahnwesens. Kurz bevor sie der Geschäftsleitung endlich ihr 120 000 Euro-Projekt präsentieren kann, bringt die Firma Gigasoft ein neues Gindows-Programm für 499 Euro auf den Markt, das über 95 % aller geforderten Funktionen schneller, besser und einfacher abdeckt. Trotzdem hält Gisela die Genehmigung und Durchführung ihres selbst erarbeiteten Projektes für äußerst wichtig …

10 Zeitmanagement-Tipps für Menschen mit gewissenhaftem Verhaltensstil

> Bedenken Sie, dass Ihnen bei zu viel Planung zu wenig Zeit zur Umsetzung verbleibt.
> Konzentrieren Sie sich auf Ergebnisse, nicht auf Perfektion in der Erledigung.
> Machen Sie sich bewusst, dass Sie nicht jedes Risiko vermeiden können.
> Lernen Sie, Entscheidungen zu treffen, auch wenn Ihnen weniger Informationen zur Verfügung stehen, als Ihnen lieb ist.
> Verwenden Sie nicht so viel Zeit darauf, Dinge zu analysieren.
> Setzen Sie sich für die Erledigung Ihrer Aufgaben unbedingt ein striktes Zeitlimit.
> Stellen Sie sicher, dass Ihre Ziele realistisch sind; setzen Sie sich nicht zu hohe Standards.
> Erkennen Sie, dass Perfektion auch ihre Grenzen hat: Gut ist besser als perfekt.
> Werden Sie lockerer in Ihren Erwartungen, die Sie an sich und andere stellen; lassen Sie einmal „fünfe gerade sein".
> Machen Sie sich bewusst, dass Menschen wichtiger sind als Vorschriften und Richtlinien.

Übersicht

Zeitmanagement-Tipps

Wie Sie mit den einzelnen DISG®-Verhaltensstilen im Hinblick auf Ihr persönliches Zeitmanagement effektiver umgehen können:

Ziele und Prioritäten:

> Lassen Sie sich von „D's" Tyrannei der Dringlichkeit nicht unter Druck setzen; zeigen Sie „D", was Sie zurückstellen müssten.
> Einigen Sie sich mit „D" auf eine realistische To-do-Liste mit Endterminen.
> Helfen Sie „I" aus der Verzettelung heraus, und stellen Sie mit ihm eine klare Prioritätenliste auf.
> Formulieren und vereinbaren Sie mit „I" schriftliche Ziele; helfen Sie ihm, eine Struktur zu finden.
> Gewinnen Sie „S" für Ihre größeren Ziele, indem Sie ihm schrittweise die Entwicklungsmöglichkeiten aufzeigen.
> Nehmen Sie sich genügend Zeit, um gemeinsam mit „S" Prioritäten zu erarbeiten.
> Geben Sie „G" genügend Informationen und Begründungen für Ihre Ziele und Prioritäten.
> Verständigen Sie sich mit „G" auf maximal drei Prioritäten, welche als nächste abgearbeitet werden.

Tagesplanung:

> Erwarten Sie von „D" keine detaillierte Tagesplanung, ein oder zwei Tagesprioritäten reichen.
> Lassen Sie sich von „D" nicht überrollen, und verteidigen Sie gegenüber „D" nachdrücklich Ihre eigene Tagesplanung.
> Zeigen Sie „I" wie er sich konkrete Tagesziele mit realistischen Zeitabschätzungen setzen kann.
> Motivieren Sie „I", regelmäßig Blöcke für feste Rücksprachen, Posterledigung, Telefonate etc. zu bilden.
> Überrumpeln Sie „S" nicht mit neuen Aktivitäten und Tagesprioritäten.
> Haben Sie Verständnis, wenn „S" unvorhergesehene Aktivitäten zunächst zu viel erscheinen; meistens werden sie jedoch noch erledigt.
> Drängen Sie bei „G" auf rechtzeitige Aufgabenerledigung, und fassen Sie regelmäßig nach.
> Vereinbaren Sie mit „G" klare Tagesziele, etwa „Das Mailing muss heute raus!"

Störfaktoren:

> Sagen Sie deutlich Nein, und bitten Sie „D", An- und Rückfragen en bloc zu besprechen.
> Legen Sie Wert auf Einhaltung Ihrer (!) „Stillen Stunde", auch wenn es „D" gerade nicht ins Konzept passt.

- Führen Sie in Ihrem Team eine gemeinsame „Stille Stunde" ein, in der intern niemand vom anderen gestört wird.
- Verlagern Sie die soziale Kommunikation mit „I" in die Pausen- oder Freizeiten.
- Räumen Sie auch „S" eine „Stille Stunde" ein, um ungestört Dinge abarbeiten zu können.
- Betrachten Sie ein privates Wort von „S" nicht als Störfaktor.
- Begründen Sie Ihr Anliegen sachlich, wenn Sie „G" einmal stören müssen; bleiben Sie dabei förmlich.
- Beantworten Sie Anfragen von „G" ausführlich; verzichten Sie auf private Kommunikation.

Meetings:
- Kommen Sie gut vorbereitet ins Gespräch mit „D"; beschränken Sie sich auf das Wesentliche.
- Scheuen Sie auch die Konfrontation mit „D" nicht.
- Führen Sie eine „Strafe" für Zuspätkommen ein.
- Loben Sie die Beiträge von „I", aber drängen Sie auf begrenzte Redezeit und Einhaltung der Tagesordnung.
- Vermeiden Sie im Team Spannungen, um „S" in seiner Leistungsfähigkeit nicht einzuschränken.
- Betrauen Sie „S" mit einer Aufgabe, etwa Protokollführer oder Zeitwächter.

- Da „G" oft stiller Zuhörer ist, müssen Sie dessen Meinung abfragen.
- Bitten Sie „G", sich auf Zusammenfassungen, kurze Erläuterungen, Leitsätze etc. zu beschränken.

Papierkram:
- Beschränken Sie Vorlagen, Memos etc. für „D" auf eine Seite.
- Stellen Sie „D" nur Rezensionen und Zusammenfassungen zur Verfügung.
- Fassen Sie regelmäßig und persönlich nach, ob „I" Ihre Anfragen, Memos etc. auch wirklich bearbeitet hat.
- Empfehlen Sie „I", welche überflüssigen Verteiler, Zeitschriften, Infos, Abos etc. er streichen kann.
- Bitten Sie „S", Ihnen Informationen bereits markiert und nach Prioritäten vorsortiert zukommen zu lassen.
- Bringen Sie „S" dazu, Zeitschriften, Umläufe etc. nur an- oder querzulesen, damit diese rechtzeitig weitergegeben werden.
- Bestehen Sie darauf, dass Report und Memos von „G" nicht länger als 1 oder 2 Seiten sein dürfen.
- Senden Sie „G" alle Infos, die Sie nicht mehr benötigen – bei Bedarf können Sie diese dort wieder abrufen.

Delegieren:
- Stoppen Sie rechtzeitig bei zu vielen Delegierungsaufträgen von „D".

> Wenn Sie an „D" delegieren, fragen Sie, bevor er losmarschiert, ob er das Projekt richtig verstanden hat.

> Bestätigen Sie mündlich Vereinbartes mit „I" auch schriftlich.

> Wenn Sie an „I" delegieren, müssen Sie zusätzliche Kontrollen vereinbaren und durchführen.

> Wenn Sie an „S" delegieren, fragen Sie öfter nach, und helfen Sie evtl.

> Vorsicht, dass „S" nicht an Sie rückdelegiert.

> Bei Delegierungsaufträgen von „G" müssen Sie Zusagen und Termine genau einhalten.

> Wenn Sie an „G" delegieren, müssen Qualität und Termine genau festgelegt sein.

Aufschieberitis:

> Machen Sie „D" sofort Druck, und setzen Sie einen kurzfristigen Erledigungstermin.

> Belohnen Sie „D" für die rechtzeitige Erledigung von Routine- und Standardarbeiten.

> Zeigen Sie Verständnis für seine Lage, drängen Sie aber „I" persönlich auf Erledigung mit Endtermin.

> Machen Sie „I" Mut, Unangenehmes sofort anzupacken, und loben Sie ihn schon im Voraus.

> Bieten Sie „S" Hilfe in Entscheidungs- und Konfliktfragen an, damit Aufgaben durchgezogen werden.

> Schlagen Sie „S" vor, mit der schwierigsten Aufgabe zu beginnen, und vereinbaren Sie eine Deadline.

> Informieren Sie „G", dass alle auf ihn warten müssen und Sie den Vorgang umgehend benötigen.

> Vermitteln Sie „G", dass Sie sein Qualitätsstreben schätzen, aber die Sache zum Termin „x" trotzdem fertig werden muss.

Zeitmanagement im Team:

> Für schnelle Reaktionen bieten Sie „D" Alternativen oder einfach Checklisten zum Ankreuzen an.

> Aktivieren Sie „D", um interne Abläufe und damit das Teamergebnis nachweisbar zu verbessern.

> Motivieren Sie „I" mit Bildern, Grafiken und Übersichten.

> Lassen Sie „I" für positive Atmosphäre und neue, auch verrückte Ideen sorgen; gestatten Sie ab und zu einen kleinen Gag.

> Fordern Sie von „S" keine schnellen Antworten. Geben Sie ihm Zeit.

> Betrauen Sie „S" mit der Aufgabe als Informationsbroker, der ständig Unterlagen, Berichte etc. bereithält und verteilt.

> Füttern Sie „G" mit möglichst vielen Informationen, um eine fundierte Stellungnahme zu erhalten.

> Beauftragen Sie „G", die Zeiteffizienz im Team ständig zu analysieren und Lösungen vorzuschlagen.

Persönlichkeit und Teamarbeit

Wenn Gruppen überdurchschnittliche Ergebnisse erzielen wollen, müssen sie zu echten Teams werden. Jedes Teammitglied hat seine persönlichen Stärken, aber natürlich auch seine eigenen Schwächen. So stoßen wir in der Zusammenarbeit nicht selten unmittelbar an die Grenzen der einzelnen Persönlichkeiten im Team.

Die meisten Menschen sind sich der Unterschiede und der Dynamik zwischen den verschiedenen Persönlichkeiten nicht bewusst. In Hochleistungs-Teams müssen alle Mitglieder die Stärken, Bedürfnisse und Schwächen der anderen Teammitglieder erkennen und manche auch einfach akzeptieren. Somit wirkt sich der persönliche Verhaltensstil jedes einzelnen Teammitglieds auf die Leistung des ganzen Teams aus.

Für eine erfolgreiche Zusammenarbeit im Team gibt es zwei Schlüsselfaktoren: Menschen werden in ihrem sozialen Verhalten dann als effektiv betrachtet, wenn sie

> das tun, *was* andere benötigen – sowohl bei anstehenden Arbeitsaufgaben als auch bei sozialen Aktivitäten;

> es so tun, *wie* andere es benötigen. Sie verwenden dann einen Verhaltensstil, welcher den Bedürfnissen der anderen gerecht wird.

Unterschiedliche Personen wollen im Team auch unterschiedlich behandelt werden. Außerdem verhalten sich Menschen in einer Gruppe anders, als wenn sie allein auftreten. Meinungsunterschiede sind die natürliche Folge von Teamarbeit. Konflikte zwischen einzelnen Teammitgliedern entstehen dann, wenn Meinungsverschiedenheiten nicht ausgesprochen und geklärt werden. Die Zusammenarbeit im Team lebt von direkter, offener Kommunikation. Für ein effektives Team sind deshalb alle Verhaltensstile wichtig. Entscheidend ist, das Potenzial der einzelnen Mitglieder zu erkennen und diese im Team entsprechend ihrer Fähigkeiten zu fördern. Jedes Teammitglied wird um so erfolgreicher sein, je mehr es ihm gelingt, seine persönlichen Stärken voll einzusetzen.

Teamarbeit bedeutet Zusammenarbeit auf höchstem Niveau. In einer Gruppe addieren sich die Ergebnisse: $1+1=2$. In einem Team jedoch gibt es Synergieeffekte: $1+1=3$, 4 oder gar 5. Das Ziel einer echten Teamarbeit sind positive Ergebnisse und nicht die Übereinstimmung der Persönlichkeitsstile der einzelnen Teammitglieder um jeden Preis.

Das „dominante" Teammitglied

Die beste Teamrolle:
Unterschiedlichste Aufgaben, die eine Herausforderung für „D" darstellen, Initiativen erfordern und sein Interesse wachhalten.
Stress und Leistungsdruck steigern sein Interesse an einer Aufgabe ganz entscheidend.

Der Schlüssel zur Motivation:
Herausforderungen
> Gelegenheit, Erfolge zu erzielen
> zusätzliche Verantwortung
> bestimmte Zustände in Frage stellen

Der Umgang mit diesem Teammitglied:

Kommt meistens am besten mit Menschen zurecht, die genauso offen und direkt sind wie er selbst und mit denen durch Diskussionen oder Verhandlungen in den meisten Fällen Übereinstimmung erzielt werden kann.
> Zeigen Sie sich möglichst interessiert.
> Seien Sie in Gesprächen direkt, kurz, offen und kommen Sie ohne Umschweife zum Thema.
> Erzielen Sie Vereinbarungen durch Verhandlungen.

> Legen Sie lediglich die Grenzen fest.
> Lassen Sie ihm ansonsten freie Hand.
> Überlassen Sie ihm getrost die Initiative.
> Zeigen Sie Kompetenz.
> Bleiben Sie ausschließlich beim Geschäftlichen.
> Zeigen Sie Stärke und Unabhängigkeit.

Besondere Stärken:
> löst Probleme
> entscheidungsfreudig
> ausdauernd

Mögliche Schwächen:
> unsensibel gegenüber Gefühlen (vor allem gegenüber den Gefühlen anderer)
> ungeduldig, übersieht Risiken und Fakten
> unnachgiebig

Hinweise zur persönlichen Entwicklung:
> Mitgefühl ist keine Schwäche, sondern eher eine Stärke.
> Manchmal ist Kontrolle ganz nützlich.
> Jeder (auch das hohe „D") muss mit anderen zusammenarbeiten, um persönlich und beruflich erfolgreich zu sein.

Das „initiative" Teammitglied

Die beste Teamrolle:

Aufgaben, bei denen „I" mit Menschen zu tun und darüber hinaus die Gelegenheit hat, diese zu motivieren.
Diverse Aufgaben, bei denen „I" vor anderen sprechen und dafür Anerkennung von seinem „Publikum" erhalten kann.

Der Schlüssel zur Motivation:

Anerkennung

> Gelegenheit, im Rampenlicht zu stehen
> Anreize, eine Aufgabe zu übernehmen
> Humor

Der Umgang mit diesem Teammitglied:

Kann am besten in einem durch und durch demokratischen Umfeld arbeiten, in dem seine kreativen Beiträge anerkannt und entsprechend gewürdigt werden.

> Seien Sie freundlich, gelassen und nicht förmlich.
> Zeigen Sie Flexibilität.
> Achten Sie auf partnerschaftliche Beziehungen.
> Bieten Sie „I" die Gelegenheit, seine Ideen – falls nötig einem Forum – vorzustellen und darüber ausgiebig zu diskutieren.
> Helfen Sie „I" dabei, seinen Worten auch entsprechende Taten folgen zu lassen.
> Zeigen Sie möglichst immer Feingefühl.
> Achten Sie auf lockere, humorvolle Stimmung.
> Geben Sie „I" die Details, die er kennen muss, schriftlich – allerdings nicht zu viele.

Besondere Stärken:

> optimistisch
> persönlich
> begeistert

Mögliche Schwächen:

> verspricht sehr häufig mehr, als er halten kann
> versucht, andere permanent zu beeinflussen
> oberflächlich

Hinweise zur persönlichen Entwicklung:

> Eine gute Kontrolle der Zeit ist hilfreich.
> Termine sind wirklich als dringlich einzustufen.
> Manchmal muss auch an einer zu optimistischen Haltung gearbeitet werden, damit die Realität nicht aus den Augen verloren wird.

Das „stetige" Teammitglied

Die beste Teamrolle:
Spezialisierte, sich wiederholende Aufgaben, die „S" in seinem eigenen Tempo erledigen kann.
Arbeiten, die bekannte und bislang bewährte Methoden erfordern.

Der Schlüssel zur Motivation:
Verständnis
> Ideen, die an bereits Bewährtes anknüpfen
> Kein Risiko, sondern im Gegenteil: die Zusicherung von Unterstützung
> Angenehmes und kooperatives Umfeld

Der Umgang mit diesem Teammitglied:
Kann am besten mit entspannten, freundlichen Menschen zusammenarbeiten, die sich nicht ausschließlich für seine Arbeit, sondern auch für ihn als Persönlichkeit interessieren.
> Gehen Sie systematisch und objektiv vor.
> Seien Sie möglichst entspannt und freundlich.
> Bleiben Sie beständig und berechenbar.
> Erklären Sie immer geduldig das „Wie".

> Bereiten Sie Veränderungen ausführlich vor.
> Zeigen Sie ehrliches Interesse an „S".
> Zeigen und definieren Sie Ziele und Aufgaben im übergeordneten Ganzen.
> Schenken Sie „S" Ihre Aufmerksamkeit.
> Dringen Sie langsam in neue Gebiete vor.
> Bieten Sie „S" schrittweise Lösungen zur Bewältigung für anstehende – scheinbar unlösbare – Probleme an.

Besondere Stärken:
> unterstützend
> angenehm
> loyal

Mögliche Schwächen:
> passt sich zu sehr an
> reserviert, zurückhaltend
> verpasst Chancen

Hinweise zur persönlichen Entwicklung:
> Termine sind wichtig und unbedingt einzuhalten.
> Veränderungen bedeuten grundsätzlich auch neue Chancen und Gelegenheiten.
> Auch Freunde müssen sich untereinander diszipliniert verhalten.

Das „gewissenhafte" Teammitglied

Die beste Teamrolle:

Arbeiten, die absolute Genauigkeit, exakte Methoden, umfangreiche Organisation, Details und Präzision erfordern und bei denen Verantwortung geteilt werden kann.

Der Schlüssel zur Motivation:

Schutz und Sicherheit

> Forderung nach Regeln und Richtlinien
> Berücksichtigung begründeter Bedenken
> Forderung nach Details und höchster Qualität

Der Umgang mit diesem Teammitglied:

Kann am besten mit solchen Teammitgliedern zusammenarbeiten, die ihn gerne unterstützen, ihm geduldig detaillierte Erklärungen geben und angeregte Diskussionen über die unterschiedlichsten Schlüsselfragen mit ihm führen.

> Schaffen Sie ein Umfeld, in dem jeder an der Zielsetzung beteiligt ist.
> Liefern Sie „G" eine möglichst detaillierte Beschreibung seiner Aufgaben.

> Halten Sie Ihre Zusagen unbedingt ein.
> Bieten Sie „G" immer Sicherheiten.
> Zeigen Sie Loyalität und Ernsthaftigkeit.
> Seien Sie in jedem Fall bereit zur Teamarbeit.
> Machen Sie bei der Zusammenarbeit mit „G" Ihre „Hausaufgaben" – seien Sie gut vorbereitet.
> Greifen Sie auf seine Erfahrungen zurück, liefern Sie schriftliche Vorschläge.

Besondere Stärken:

> ordnungsliebend
> gründlich
> analytisch

Mögliche Schwächen:

> pedantisch
> konzentriert sich allzu oft auf Details
> zu vorsichtig

Hinweise zur persönlichen Entwicklung

> Selbst genaueste Aufgabenbeschreibungen können sich durchaus ändern.
> Termine müssen trotz doppelter, genauester Kontrolle eingehalten werden.
> Die totale Unterstützung gibt es so gut wie nie.

Wie verhalte ich mich im Team effektiv?

Identifizieren Sie den Verhaltensstil des betreffenden Teammitglieds und gehen Sie im Team individuell auf seine Persönlichkeitsstruktur ein.

So schaffen Sie ein positives Klima mit „D":

> „D" eine Auswahl an Aktivitäten anbieten
> „D's" Bedürfnis nach Abwechslung und Veränderung annehmen
> „D" die Führung übernehmen lassen.

So kommunizieren Sie am besten mit „D":

> Seien Sie gegenüber „D" direkt, und meiden Sie oberflächliches Gerede.
> Prüfen Sie zum Schluss des Gesprächs, ob „D" richtig zugehört hat.

So lösen Sie erfolgreich Konflikte mit „D":

> „D" neigt dazu, direkt und aggressiv zu sein, was zu einer „Ich gewinne/ du verlierst"-Situation führen kann.
> Meiden Sie Schwarzweißmalerei, indem Sie Ihre Meinungsunterschiede urteilsfrei darlegen.
> Versuchen Sie, mit Hilfe von offenen Fragen (wie? was? wo? wann?) sofort zum Wesentlichen zu kommen.
> Fragen Sie „D", was konkret erforderlich ist, damit beide gewinnen.

> Fassen Sie das Gespräch zusammen, indem Sie feststellen, wozu sich jeder verpflichtet hat.

So schaffen Sie ein positives Klima mit „I":

> „I" Zeit geben, um seine Gedanken, Gefühle und Ideen zu formulieren.
> „I" helfen, sich mit Einzelheiten zu befassen.
> „I" mit Begeisterung loben.

So kommunizieren Sie am besten mit „I":

> Benutzen Sie legere Situationen mit anderen und ohne Zeitdruck.
> Bieten Sie Gelegenheiten, Geschichten und Ideen mit Begeisterung auszutauschen.
> Gestalten Sie ein echtes Zwiegespräch, und gehen Sie auf „I's" Gefühle ein.

So lösen Sie erfolgreich Konflikte mit „I":

> „I" meidet gern den direkten, offenen Konflikt.
> Erkennen Sie sein Unbehagen bei Konflikten oder bei Verlust von Anerkennung.
> Beschreiben Sie die Konfliktsituation sachlich und ohne Kritik an „I".
> Beenden Sie das Gespräch mit einer klaren Aussage darüber, was bis wann von wem getan wird, und bestätigen Sie Ihre persönliche Beziehung zu „I".

So schaffen Sie ein positives Klima mit „S":

> „S" regelmäßig signalisieren, dass seine Leistung wichtig für die Arbeit der anderen ist.

> „S" Gelegenheiten bieten, mit anderen zusammenzuarbeiten, um Ergebnisse zu erzielen.

> Wenn Veränderungen notwendig sind, „S" einen stufenweisen Plan vorlegen.

So kommunizieren Sie am besten mit „S":

> Bieten Sie „S" regelmäßig Gelegenheit zu ungezwungenen informellen Gesprächen.

> Fragen Sie „S" nach seinen Bedenken, Sorgen und Konflikten mit anderen.

> Fangen Sie Gespräche mit „S" in einer freundlichen, legeren Art an.

So lösen Sie erfolgreich Konflikte mit „S":

> Sprechen Sie gegenüber „S" von der Notwendigkeit, den Konflikt zu lösen, um Stabilität und Harmonie in der Beziehung zu erhalten.

> Gehen Sie unbequeme Themen mit offenen Fragen (Wie? was? wo? wann?) ohne Umwege an.

> Fragen Sie danach, was „S" an Unterstützung braucht, um den Konflikt vernünftig und effektiv zu lösen.

So schaffen Sie ein positives Klima mit „G":

> „G" Gelegenheit bieten, seine Fähigkeiten zu zeigen.

> „G" Situationen ermöglichen, in denen sein systematisches Vorgehen langfristig zum Erfolg beiträgt.

> Bei „G" akzeptieren, dass Dinge „richtig" gemacht werden müssen.

So kommunizieren Sie am besten mit „G":

> Bleiben Sie gegenüber „G" in unbekannten Situationen formal, und meiden Sie persönliche Fragen.

> Machen Sie bei „G" logische und sachliche statt emotionaler Aussagen.

> Finden Sie bei „G" Meinungsverschiedenheiten und Missverständnisse heraus.

So lösen Sie erfolgreich Konflikte mit „G":

> „G" zieht sich zunächst vom offenen Konflikt zurück, verteidigt sich dann aber doch oder kann zum Angreifer werden.

> Sprechen Sie bei „G" das Problem ruhig und logisch an, und belegen Sie es mit Zahlen, Daten, Fakten; führen Sie eine spezielle Situation als Beispiel an.

> Fragen Sie „G", was er braucht, um den Konflikt so zu lösen, dass die Interessen beider gewahrt bleiben.

Übersicht

So gelingt Teamarbeit

Erfolg oder Misserfolg eines Teams werden vom persönlichen Verhaltensstil jedes Mitglieds und von den Interaktionen zwischen den einzelnen Teammitgliedern bestimmt. Um die Reibungsverluste untereinander zu vermindern, muss man die individuellen Unterschiede im Team verstehen, respektieren und schätzen lernen.

Teamarbeit	D	I	S	G
Wert für das Team	richtungsweisend, ergreift die Initiative, Motor	stellt Kontakt zu Menschen her, beeinflusst andere	arbeitet kontinuierlich, spezialisiertes Arbeiten, schafft Beziehungen	konzentriert sich auf Details, achtet auf Standards
Stärken	ziel- und ergebnisorientiert, ausdauernd, löst Probleme schnell	Begeisterung, motiviert und gewinnt andere, setzt sich ein	kann mit anderen gut umgehen, gutes Teammitglied	gründlich, ausdauernd, analysiert alle Daten mit Präzision
mögliche Schwächen	unsensibel gegenüber Gefühlen anderer, ungeduldig, autoritär	impulsiv, konzentriert sich ungern auf Fakten und Details	opfert Ergebnisse für harmonische Beziehungen, wird nur ungern initiativ	sehr vorsichtig, zu gründlich, vergisst darüber Termine
motiviert durch	Ergebnisse, Herausforderungen, Taten, Aktionen	Anerkennung, Zustimmung, Beifall, Gesehenwerden	Beziehungen, Anerkennung, Verständnis, Wertschätzung	Qualität, Bestätigung, Dinge „richtig" tun können
Zeitmanagement	Ziel: jetzt, sofort; effiziente Nutzung der Zeit, kommt schnell zum Wesentlichen	Ziel: Zukunft; eilt von einer interessanten Sache zur nächsten	Ziel: Gegenwart; Zeit für persönliche Beziehungen auf Kosten der Aufgabe	Ziel: Vergangenheit; arbeitet langsam, um Genauigkeit zu erreichen
Kommunikation	einseitig, kein guter Zuhörer; kann Gespräche in Gang bringen	enthusiastisch, anregend, mitreißend, oft einseitig, kann andere inspirieren	kommuniziert in beide Richtungen, guter Zuhörer	guter Zuhörer, besonders bei Sachgesprächen, kann „zwischen den Zeilen" lesen
emotionale Reaktion	distanziert, unabhängig	Höhen und Tiefen, begeisterungsfähig	warm, freundlich	sensibel, vorsichtig
Entscheidungsfindung	impulsiv; hat immer das Ziel vor Augen	intuitiv, schnell, spontan, viele Gewinne und Verluste	nach Rücksprache langsam, bespricht sich mit anderen	weicht Entscheidungen aus, zögernd, gründlich, braucht genaue Informationen, Fakten
Verhalten unter Druck	beherrschend, autoritär	angreifend	nachgebend	ausweichend
wäre effektiver durch	Zuhören	sich eine Denkpause gönnen und Daten mit einbeziehen	die Initiative ergreifen, positiv auf Änderungen reagieren	die eigenen Vorstellungen anderen mitteilen

3. Partnerschaft und Kindererziehung

»Behandelst du die Menschen, wie sie sind, machst du sie schlechter. Behandelst du sie, wie sie sein könnten, machst du sie besser.«

Johann Wolfgang von Goethe

Partnerschaft und Kindererziehung

Persönlichkeit und Partnerschaft

Zeigt die Erfahrung nicht, dass die großen Probleme wie Krankheit, ein abgebranntes Heim oder Ärger mit den Kindern eine Partnerschaft nicht zerstören, sondern sie im Gegenteil zusammenschweißen? Es sind die kleinen Dinge des täglichen Lebens, die Beziehungen auseinanderbringen:

> "Wer hat vergessen, die Badezimmertür zuzumachen?"
> "Wer hat schon wieder meine Zeitschriften weggeräumt?"
> "Warum hast du dein nasses Handtuch nicht aufgehängt?"
> "Warum musstest du schon wieder so viel Geld abheben?"

Was glauben Sie, worin hat der Volksmund Recht:
"Gleich und gleich gesellt sich gern" oder eher "Gegensätze ziehen sich an"? Man wird häufiger von den positiven Charakterzügen eines anderen angezogen, die man selbst nicht hat. Erst nach längerem Zusammensein erkennt man dann die Schwächen, die diesen positiven Charakterzügen gegenüberstehen. Ab diesem Zeitpunkt versuchen viele Menschen unglücklicherweise, ihren Partner so zu verändern, dass er wie sie selbst wird – was aber nicht funktionieren kann.

Wir vergessen dann, was uns an unserem Partner anfangs so gut gefallen hat, was ihn für uns interessant gemacht hat: nämlich seine Unterschiede zu uns. Wenn wir versuchen, jemanden von außen zu verändern, zerstören wir die gesamte Beziehung.

Wir müssen lernen, den Partner so zu akzeptieren, wie er nun einmal ist, denn grundlegend ändern können wir den anderen für die Dauer der Beziehung ohnehin nicht!

Gemeinsamkeiten stabilisieren eine Partnerschaft, bringen aber weniger Abwechslung und Ergänzung. Der Erfolgsgarant für eine gute Partnerschaft ist – wie so oft – die gelungene Mischung aus Unterschiedlichkeit und Gemeinsamkeit. Eine hohe Intimität bringt sehr viel Nähe, birgt aber auch die Gefahr hoher Verletzbarkeit. Partnerschaft ist Zusammenarbeit im Team auf höchster Ebene.

Der „dominante" Partner

Solange Menschen mit dominantem Verhaltensstil und ihre Partner dieselben Ziele und Wünsche haben, geht es bei ihnen friedlich zu, und sie können gemeinsam viel erreichen. Die häufigsten Ursachen für Reibereien und Streitigkeiten sind Machtkämpfe darüber, wer letztendlich das Sagen hat. Sie treten gegenüber ihrem Partner energisch, entschlossen und selbstbewusst auf und ergreifen oft als Erster die Initiative, Aufgaben anzupacken und sie schnell zu erledigen. Bei Konflikten werden sie von ihren Partnern als schroff, herzlos und zu ehrgeizig empfunden.

Stärken in der Partnerschaft
> Hält die Fäden fest in der Hand.
> Handelt sehr zielorientiert.
> Motiviert die Familie zum Handeln.
> Kennt immer die „richtige" Antwort.
> Organisiert den Haushalt.
> Setzt sich dafür ein, dass alle in der Familie mitarbeiten.
> Behält in Notfällen das Heft in der Hand.
> Sieht das große „Ganze".
> Sieht praktische Lösungen.
> Schreitet schnell zur Tat.
> Delegiert Aufgaben, organisiert gut.
> Verbreitet Tatendrang, will Ergebnisse.
> Treibt andere zum Handeln.
> Widerstand spornt ihn an.

Engpässe in der Partnerschaft
> Ist häufig zu bestimmend, beherrschend.
> Hat keine Zeit für die Familie.
> Ist ungeduldig bei schlechten Leistungen.
> Lässt die Kinder kaum zur Ruhe kommen.
> Neigt dazu, andere Menschen zu „benutzen".
> Tut sich mit Entschuldigungen schwer.
> Hat oft Recht, ist aber unbeliebt.
> Zeigt wenig Toleranz bei Fehlern.
> Untersucht nicht die Details.
> Langweilt sich bei Alltäglichem.
> Trifft voreilige Entscheidungen.
> Ist rücksichtslos und taktlos.
> Manipuliert andere, ist fordernd.
> Ergebnisse rechtfertigen die Mittel.
> Neigt zu „Workaholismus".

Tipps zur persönlichen Entwicklung
> Versuchen Sie nicht, die Situation, die Unterhaltung oder eine andere Person zu kontrollieren oder zu dominieren.
> Investieren Sie mehr Energie in persönliche Beziehungen.
> Verringern Sie Ihre Drehzahl. Nehmen Sie sich Zeit, das „Warum" hinter Ihren Aussagen und Anfragen zu erklären.
> Werden Sie offener, Ihre Gefühle auch mitzuteilen.
> Üben Sie sich in Geduld, und hören Sie so lange zu, bis Sie die Gefühle, Ideen, Vorschläge und Bitten Ihres

Partners wirklich verstanden haben. Ganz einfach zuhören, zuhören, zuhören!

> Achten Sie auch auf Ihre Schattenseiten („blinder Fleck").

Umgang mit Geld

„Dominante" beauftragen die anderen, auf ein ausgeglichenes Konto zu achten. Geld ist:

> eine Machtquelle zu größerem Einfluss;
> ein Weg zu größeren Erfolgen, Möglichkeiten;
> ein Mittel, das Ihnen einen Vorsprung gegenüber Konkurrenten gibt;
> ein Schmerzensgeld gegen jede Art von Verletzlichkeiten.

Männliche „D"-Bedürfnisse

> Erwartet Respekt.
> Versucht Anerkennung und Bewunderung durch seine Erfolge zu erhalten.
> Erwartet, körperlich gefordert zu werden.
> Braucht Erfolge und Siege, um sein Ego aufzubauen.
> Gewinnt Vertrauen, indem er sagt: „Vertraue mir!"

Weibliche „D"-Bedürfnisse

> Wünscht Zuneigung auf Kommando.
> Erwartet Verständnis vom anderen.
> „Nennt die Dinge beim Namen ...", um ehrliche Antworten zu bekommen.
> Erwartet, dass ihre emotionalen

Bedürfnisse gestillt werden, wenn sie für andere etwas getan oder gegeben hat.

> Gewinnt Sicherheit, wenn sie ihr Umfeld im Griff hat.
> Verlangt Zeit und Aufmerksamkeit.

Wie Sie „D" in der persönlichen Kommunikation ansprechen können

> „Ich bewundere dein starkes Selbstbewusstsein."
> „Du hast eine direkte, unverblümte Art, dich auszudrücken, die ich sehr schätze."
> „Du zeigst eine unglaubliche Beharrlichkeit, wenn du eine Sache beschlossen hast und durchziehen willst. Ich mag das sehr an dir."
> Ich liebe deine Art, wie du an Dinge herangehst, die du unbedingt willst – mich eingeschlossen."
> „Ich weiß, ich kann auf dich zählen, wenn ein echtes Problem gelöst werden muss."
> „Ich liebe deine Energie und Entschlossenheit, wenn du etwas erreichen willst."
> „Veränderungen scheinen dir gar nichts auszumachen. Du stellst dich einfach darauf ein und schaffst es."
> „Ich finde deinen starken Wettbewerbsdrang sehr mutig."
> „Ich bewundere an dir, dass du keine Angst hast, etwas Neues auszuprobieren und es konsequent anzupacken."

Der „initiative" Partner

Menschen mit initiativem Verhaltensstil begeistern ihre Partner, lassen sie an ihren Erfolgen teilhaben, betrachten das Leben positiv und geben dem Partner viele Freiheiten. Sie haben gerne Spaß und wollen ihren Partner und auch ihr sonstiges Umfeld beeindrucken. Das manchmal zu schnelle Tempo, ihr Optimismus, ihre mangelnde Disziplin und Impulsivität führen zu Reibereien und Streitigkeiten. Sie sind gegenüber ihrem Partner enthusiastisch, gesprächig, freundlich, offen und ergreifen oft als Erste die Initiative, wenn es darum geht, Beziehungen herzustellen und andere zum Mitmachen zu bewegen.

Stärken in der Partnerschaft

> Ist beliebt bei den Freunden seiner Kinder.
> Verwandelt Chaos in Spaß.
> Ist der „Zirkusdirektor".
> Lebt durch Komplimente richtig auf.
> Wird von anderen beneidet.
> Entschuldigt sich schnell.
> Liebt spontane Aktivitäten.
> Übernimmt freiwillig neue Aufgaben.
> Denkt sich immer neue Aktivitäten aus.
> Wirkt auf den ersten Blick anziehend.
> Besitzt ein großes Maß an Energie und Begeisterungsfähigkeit.
> Inspiriert den Partner zum Mitmachen.

Engpässe in der Partnerschaft

> Sorgt zu Hause für ständige Aufregung.
> Ist wenig organisiert und vergisst Dinge.
> Ist ungeduldig, hört nicht richtig zu.
> Führt bei Unterhaltungen das Wort.
> Antwortet für andere.
> Kann launisch sein.
> Findet immer eine Entschuldigung.
> Möchte lieber reden, statt zu arbeiten.
> Vergisst Verpflichtungen (Hochzeitstag).
> Bringt Dinge nicht zu Ende.
> Ist eher unordentlich, undiszipliniert.
> Hat oft keine klaren Prioritäten.
> Trifft häufig gefühlsmäßige Entscheidungen.
> Lässt sich leicht und gern ablenken.
> Hält den anderen von der (Haus-) Arbeit ab.

Tipps zur persönlichen Entwicklung

> Zügeln Sie Ihre natürliche Impulsivität.
> Arbeiten Sie daran, ziel- oder ergebnisorientierter zu handeln.
> Reden Sie etwas weniger, hören Sie mehr zu.
> Konzentrieren Sie sich darauf, Aufgaben und Verpflichtungen zu Ende zu bringen.
> Berücksichtigen Sie auch die Ideen und Vorschläge Ihres Partners, statt immer Ihre eigenen Vorstellungen durchzusetzen.

> Setzen Sie Ihre Kreativität ein, um Ihre Beziehung immer wieder mit neuem Leben zu erfüllen.

Umgang mit Geld

„Initiative" haben wahrscheinlich selten ein ausgeglichenes Konto. Geld ist:

> eine Quelle der Freiheit, Selbstbestimmung;
> eine Chance, um Spaß zu haben und Risiken einzugehen;
> eine Möglichkeit, um großzügig zu sein – nach ihren Vorstellungen;
> eine Möglichkeit, um Freunde zu gewinnen und Einfluss auf andere zu haben.

Männliche „I"-Bedürfnisse

> Überzeugt andere oder beeinflusst sie, um deren Respekt zu gewinnen.
> Liebt Bewunderung und Anerkennung, die sich in Worten ausdrückt.
> Wünscht, körperlich gefordert zu werden, um seine Gefühle zeigen zu können.
> Möchte, dass sein Ego durch verbales Lob aufgebaut wird, und verlangt manchmal sogar danach.
> Baut Vertrauen durch Offenheit und Schmeicheleien auf.

Weibliche „I"-Bedürfnisse

> Sucht Zuneigung durch Worte zu erhalten und fragt deutlich danach.
> Macht Aussagen und stellt Fragen, um Beziehungen zu klären und zu

verstehen; sucht das Gespräch und redet gerne.

> Äußert sich ehrlich und ernsthaft.
> Möchte wie ein „offenes Buch" sein, um beim Partner emotional anzukommen.
> Wird immer sicherer, wenn Dinge im persönlichen Gespräch geklärt werden und sie verbale Zustimmung erhält.
> Möchte, dass der Partner sich Zeit nimmt, ihr zuhört und seine volle Aufmerksamkeit schenkt, wenn sie miteinander reden.

Wie Sie „I" in der persönlichen Kommunikation ansprechen können

> „Ich bewundere Menschen, die einen so großen Sinn für Humor haben wie du."
> „Du kannst sehr gut mit Worten umgehen."
> „Du bist ein sehr guter Beobachter. Ich habe gesehen, wie du alles mitbekommst, was um dich herum geschieht."
> „Du bist für mich ein echtes Energiebündel – wenn ich mit dir zusammen bin, habe ich das Gefühl, neue Kraft zu schöpfen."
> „Du hast wirklich die Fähigkeit, andere Menschen zu überzeugen. Du könntest einem Bauern eine Melkmaschine verkaufen und dafür die einzige Kuh in Zahlung nehmen."
> „Du überraschst mich immer wieder von neuem."

Der „stetige" Partner

Menschen mit stetigem Verhaltensstil ermutigen ihre Partner und unterstützen sie dabei, ihre Ziele zu erreichen. Sie kommen gut miteinander aus, lieben es, eine schöne Zeit gemeinsam zu verbringen und eine entspannte, ruhige und friedliche Atmosphäre mit dem Partner zu haben. Sie sind für den Partner berechenbar, liebenswürdig, angenehm, zufrieden, loyal und reagieren vor allem auf Menschen. Reibereien entstehen wegen ihrer gefühlsorientierten Art, in der sie Probleme oft nicht beim Namen nennen und Herausforderungen schnell als Bedrohung empfinden.

Stärken in der Partnerschaft

> Macht sich gut als Elternteil.
> Ist selten wirklich in Eile.
> Akzeptiert gute und schlechte Zeiten.
> Lässt sich nicht leicht aus der Ruhe bringen.
> Ist angenehm und unterhaltsam.
> Ist ein guter Zuhörer, zeigt Mitgefühl.
> Hat wenige, aber enge Freunde.
> Ist kompetent und ausdauernd.
> Kann Dinge gut verwalten.
> Schlichtet und vermittelt oft.
> Vermeidet Streit und Konflikte.
> Verhält sich unter Druck noch freundlich.
> Findet den Weg des geringsten Widerstandes.

Engpässe in der Partnerschaft

> Setzt sich nur schwerfällig in Bewegung, besonders bei überraschenden Veränderungen.
> Hat bei Schwierigkeiten den Haushalt nicht im Griff.
> Entmutigt, dämpft die Begeisterung anderer.
> Bleibt unbeteiligt und gleichgültig, etwa gegenüber neuen oder geänderten Plänen.
> Verurteilt den anderen.
> Ist sarkastisch und hänselt andere, wenn er sich nicht durchsetzen kann.
> Handelt nicht zielorientiert.
> Es mangelt ihm an innerer Motivation.
> Liebt es nicht, vom anderen gedrängt zu werden.
> Ist lethargisch, träge und gedankenlos.
> Ist nur Beobachter und redet zu wenig.

Tipps zur persönlichen Entwicklung

> Versuchen Sie, aufgeschlossener gegenüber Veränderungen zu sein.
> Zeigen Sie eine größere Flexibilität.
> Entwickeln Sie ein schnelleres Tempo, um Ihre Ziele zu erreichen.
> Arbeiten Sie daran, Ihre Gedanken, Meinungen und Gefühle auszudrücken.
> Gehen Sie mit Widerständen konstruktiv um.
> Üben Sie sich darin, schnelle Entscheidungen zu treffen.

Umgang mit Geld

Stetige halten ihr eigenes Konto ausge-
glichen – und das ihres Partner auch.
Geld ist:

> eine Möglichkeit, um ihre Beziehung
> zu Freunden und zur Familie zu ver-
> bessern;

> eine Möglichkeit, das Leben ihrer
> „Lieben" zu verschönern;

> eine Gelegenheit, um Anerkennung
> von anderen zu erlangen;

> eine Quelle, zu Hause Stabilität und
> Harmonie zu erhalten.

Männliche „S"-Bedürfnisse

> Gewinnt Achtung und Respekt durch
> beharrliche Leistungen über lange
> Zeit.

> Bewunderung für seine Leistungen
> von seinen engsten Bekannten.

> Wünscht, körperlich gefordert zu
> werden, um andere zu hegen und zu
> pflegen und die Beziehung aufrecht-
> zuerhalten.

> Möchte, dass sein Ego durch ernst-
> hafte Anerkennung und ehrliches
> Lob aufgebaut wird.

> Baut in festen Beziehungen durch
> Akzeptanz des anderen im Laufe der
> Zeit Vertrauen auf.

Weibliche „S"-Bedürfnisse

> Gibt Zuneigung, um diese selbst zu
> erhalten.

> Zeigt anderen ihr Mitgefühl, um sel-
> ber besser verstanden zu werden.

> Verlangt Ehrlichkeit – selbst wenn es
> für den Partner einmal schwierig wird.

> Bringt sich voll ein, um beim Partner
> emotional anzukommen.

> Gibt ihre Persönlichkeit zugunsten
> von Sicherheit auf: „Ein Vogel im
> Käfig ist zwar nicht frei, aber sicher."

> Entzieht dem Partner ihre Zuneigung,
> um ihm klarzumachen, dass sie Zeit
> und Aufmerksamkeit benötigt.

Wie Sie „S" in der persönlichen Kommunikation ansprechen können

> „Du fühlst mit anderen so mit, dass
> man denken könnte, du blutest, wenn
> sich ein anderer geschnitten hat."

> „Du bist sehr vorsichtig. Ich habe
> beobachtet, wie du die Dinge erst
> genau betrachtest, bevor du dich auf
> eine Sache einlässt. So kann ich dei-
> nem Urteil immer vertrauen."

> „Ich wünschte, ich hätte eine solche
> Intuition wie du. Du hast so etwas
> wie einen „7. Sinn"."

> „Ich liebe dich, weil du so liebens-
> würdig bist."

> „Ich habe das Gefühl, dass ich mit
> dir über alles reden kann."

> „Ich wünschte, dass andere so zuver-
> lässig wären wie du."

> „Ich schätze deine Beständigkeit
> und Treue."

> „Du planst immer im Voraus. Ich
> weiß, dass es keine bösen Über-
> raschungen geben wird, wenn du es
> verhindern kannst."

Der „gewissenhafte" Partner

Wenn Menschen mit gewissenhaftem Verhaltensstil und ihre Partner gemeinsame Ziele haben, können sie sehr effektiv zusammenleben und sich gegenseitig unterstützen. Wenn sich die Ziele unterscheiden, ist dies für „G" sehr schwer. Er möchte, dass die Dinge richtig gemacht werden. Was aber für den Gewissenhaften richtig ist, kann für seinen Partner umständlich und kompliziert sein. Er ist auch in der Partnerschaft mehr analytisch, ernst, vorsichtig, ordnungsliebend, genau und reagiert in erster Linie auf Aufgaben und anstehende Projekte. Bei zwischenmenschlichen Schwierigkeiten neigt er dazu, diese zu vermeiden und wird von seinem Partner auch als pedantisch und stur erlebt.

Stärken in der Partnerschaft
> Setzt hohe Maßstäbe und Standards.
> Möchte, dass alles richtig getan wird.
> Opfert seinen eigenen Willen.
> Unterstützt die Lernbereitschaft und Talente des Partners.
> Ist damit zufrieden, auch im Hintergrund zu bleiben, und vermeidet es, die Aufmerksamkeit auf sich zu ziehen.
> Orientiert sich an seinem Zeitplan.
> Ist beharrlich und gründlich.
> Geht methodisch an Dinge heran und ist gut organisiert.
> Sieht Probleme und Schwierigkeiten.

> Sucht lange nach guten Lösungen.
> Will beenden, was er begonnen hat.

Engpässe in der Partnerschaft
> Erwartet zu viel, setzt zu hohe Maßstäbe.
> Ist zu genau.
> Fühlt sich im sozialen Umgang unsicher.
> Hält Zuneigung zurück.
> Ist nachtragend und rachsüchtig.
> Räumt Menschlichem nicht die erste Priorität ein.
> Unvollkommenheit deprimiert ihn.
> Wählt gerne schwierige Aufgaben.
> Zögert, Dinge in Angriff zu nehmen.
> Verbringt zu viel Zeit mit Planung.
> Ist schwer zufrieden zu stellen.
> Hat unrealistische Ziele.

Tipps zur persönlichen Entwicklung
> Konzentrieren Sie sich darauf, die „richtigen" Dinge zu tun, nicht nur die Dinge richtig zu tun.
> Stehen Sie den Ideen und Methoden Ihres Partners weniger kritisch gegenüber.
> Seien Sie entscheidungsfreudiger. Gut ist besser als perfekt.
> Konzentrieren Sie sich weniger auf Fakten und dafür mehr auf den Menschen.
> Gehen Sie öfter ein kalkuliertes Risiko ein.
> Entwickeln Sie ein dickeres Fell. Seien Sie weniger empfindlich.

Umgang mit Geld

Gewissenhafte verbringen viel Zeit damit, Ihr Konto zu überwachen und es auszugleichen. Geld ist:

- eine Quelle der Sicherheit für die Zukunft;
- ein Bollwerk gegen Unbekanntes und Unvorhersehbares;
- eine Quelle, um Risiken zu vermeiden und die besten Gelegenheitskäufe zu machen;
- eine Gelegenheit, um für „schlechte Zeiten" zu sparen.

Männliche „G"-Bedürfnisse

- Gewinnt Respekt durch klar gezeigte Kompetenz und Qualität.
- Sucht nach Bewunderung für seine Ideen und Methoden.
- Wünscht, als integraler Bestandteil einer größeren Gemeinschaft seinen festen Platz zu haben (z. B Familie).
- Möchte sein Ego aufbauen, indem er die Dinge „richtig" tut und Anerkennung für seine Korrektheit, Loyalität, Treue etc. erhält.
- Erwartet Vertrauen aufgrund seines kongruenten Verhaltens (Gesagtes und Gelebtes stimmen überein).

Weibliche „G"-Bedürfnisse

- Erwartet Anerkennung als Gegenleistung für ihre Loyalität.
- Erklärt ihre Sichtweise mit Daten und Fakten, um besser verstanden zu werden.
- Ist ehrlich und versteht nicht, dass andere Menschen es oft nicht sind.
- Strebt danach, emotional anzukommen, indem sie nachgibt.
- Schafft Sicherheit, indem sie Dinge berechenbar macht.
- Plant ihre Zeit genau und lässt Ablenkungen nur ungern zu.

Wie Sie „G" in der persönlichen Kommunikation ansprechen können

- „Ich schätze deine Rücksichtnahme und Sorgfalt sehr."
- „Ich kann mich immer darauf verlassen, dass du die objektivste Sichtweise der Dinge hast. Ich weiß nicht, was ich ohne dich täte."
- „Ich finde dein Interesse an allen Dingen wohltuend und motivierend."
- „Ich schätze es, dass du alle Dinge ganz genau durchdenkst."
- „Ich weiß, dass ich auf dich zählen kann, wenn etwas richtig erledigt werden muss."
- „Bis ich dich kennen lernte, wusste ich gar nicht, was das Zitat ‚Stille Wasser sind tief' wirklich bedeutet."
- „Wenn ich mir über eine Sache klar werden will, möchte ich sie zuerst mit dir besprechen."
- „Du bist ein wunderbarer Zuhörer. Du schenkst mir deine volle Aufmerksamkeit, wenn ich dir erzähle, wie ich über eine Sache denke."

Übersicht

Wie kann ich mit meinem Partner positiver umgehen?

Abschließend einige konkrete Hinweise, was Sie besser tun bzw. lassen sollten:

Wenn Ihr Partner ein hohes „D" hat
- Geben Sie kurze, direkte Antworten.
- Sagen Sie, was getan werden soll und nicht warum.
- Betonen Sie die gewünschten Ergebnisse.
- Bieten Sie mehr Wahlmöglichkeiten (etwa beim Urlaub „Allgäu" oder „Kreta"?) an.
- Bewundern Sie seine logischen Ideen und Vorgehensweisen.
- Stimmen Sie auch den genannten Fakten oder seinen Ideen zu.
- Reden Sie nicht drauflos.
- Rechnen Sie damit, dass er nicht über Risiken nachdenkt.
- Rechnen Sie damit, dass er das Für und Wider nicht abwägt.

Wenn Ihr Partner ein hohes „I" hat
- Betonen Sie Neues und Interessantes.
- Zeigen Sie Ihre Fähigkeiten sich auszudrücken.
- Legen Sie auf Meinungen oder Rückmeldungen von guten Freunden Wert.
- Vermeiden Sie es, das Gespräch zu beherrschen oder zu viel zu reden.
- Gehen Sie mit ihm anerkennend, spontan und humorvoll um.
- Hören Sie ihm aufmerksam zu.
- Verwenden Sie immer wieder Zeit, um die gemeinsame Beziehung zu festigen.
- Schätzen Sie seine begeisternde Art.
- Rechnen Sie damit, dass er wichtige Fakten nicht wahrnimmt.

Wenn Ihr Partner ein hohes „G" hat
- Akzeptieren Sie die Ordnungsliebe.
- Klären Sie Bedenken oder Konflikte immer gründlich und vollständig.
- Verstehen Sie sein Sicherheitsdenken.
- Geben Sie auf seine Fragen detaillierte Antworten.
- Schätzen Sie sein Interesse an Fakten, Logik und Einzelheiten als wertvoll ein.
- Unterstützen Sie ihn, wenn er alles schriftlich haben will (Malerangebot, Urlaubsreise, Autokauf etc.)
- Reden Sie nicht sehr emotional.
- Rechnen Sie damit, dass er viele Details und Informationen braucht.
- Rechnen Sie damit, dass er konservativ und vorsichtig Entscheidungen trifft.

Wenn Ihr Partner ein hohes „S" hat
- Hören Sie ihm aufmerksam zu.
- Seien Sie geduldig, wenn es darum geht, seine Ziele herauszufinden.
- Sprechen Sie mit ihm über Ihre Freude, Liebe und Verlässlichkeit.
- Zeigen Sie, welche Unterstützung Sie bieten, um seine Ziele zu erreichen.
- Gehen Sie mit ihm offen, warmherzig und freundlich um.
- Sprechen Sie leise und entspannt.
- Rechnen Sie damit, dass er insgeheim doch unnachgiebig ist.
- Akzeptieren Sie seine abwartende Art.
- Rechnen Sie damit, dass er sich zu Ihren Vorschlägen zunächst wenig äußert.

Persönlichkeit und Kindererziehung

Eltern wollen immer das Beste im Umgang mit ihrem Kind, wissen aber häufig nicht, ob sie „das Richtige" tun, und haben Angst, Fehler zu machen. Kids entwickeln relativ früh ihre eigene Persönlichkeit, und es ist spannend, die individuellen Unterschiede zu betrachten.

In der psychosozialen Entwicklung eines Kindes zur „erwachsenen" Persönlichkeit haben die Kindergarten- und die Schulzeit eine besondere Bedeutung. Sie sind neben dem Einfluss der Eltern bzw. ersten Bezugspersonen für das soziale Verhalten der Kinder entscheidend.

So entwächst das Kind dem Nahumfeld und Schutz der Familie und kann mit zunehmendem Alter seinen Wirkungskreis erweitern. Es erlent durch die Reaktionen anderer auf sein Verhalten, sich auf die Erwartungen anderer einzustellen.
Daneben lernt das Kind meist unbewusst seine gesellschaftliche Rolle und seinen Wert innerhalb einer Gruppe kennen und ihn zu entwicklen. Im Laufe der Entwicklugsgeschichte eines Kindes verändern sich jedoch die Rollen immer wieder, wobei das Umfeld und die veränderten Anforderungen dessen eine große Rolle spielen.

Oftmals ist Erziehung darauf angelegt, Verhalten zu belohnen oder zu loben, das unserer Meinung nach richtig ist, und Verhalten zu kritisieren, das wir als falsch betrachten. Die Folge: Kinder, die vor allem für das Erfüllen von Aufgaben belohnt werden, gründen ihr Selbstwertgefühl hauptsächlich auf ihre Handlungen (Tun) und nicht auf ihre Persönlichkeit (Sein). Hier sollte von seiten der Eltern entgegengewirtkt und die Persönlichkeitsentwicklung gefördert werden. Unsere Ausführungen zeigen Ihnen, wie Sie die bereits deutlich sichtbaren Verhaltensstile von Kindern erkennen und das Selbstwertgefühl Ihrer Kinder stärken können.

Dieses Kapitel über die Kindererziehung soll Sie zur Reflexion Ihres eigenen Handelns als der „Erziehende" anregen. Es soll Sie außerdem zur Beobachtung Ihrer Kinder motivieren, die – wie Sie sehen werden – in verschiedenen Lebensphasen verschiedene Verhaltensweisen zeigen werden.
Das Buch soll auf keinen Fall als fertiges „Rezeptbuch zur gelungenen Erziehung" verstanden werden. Es kann Ihnen jedoch eine wertvolle Hilfe sein, sich mit den verschiedenen Verhaltensweisen Ihrer Kinder auseinanderzusetzen. Bitte beachten Sie, dass es nicht um eine Kategorisierung Ihrer Kinder geht, sondern um die Verdeutlichung prototypischen Verhaltens.

Das „dominante" Kind

Kinder mit dominanten Verhaltenstendenzen zeigen einen starken Willen und
versuchen, jede Situation zu kontrollieren, ob im Freibad, beim Essen oder
beim Spielen. Sie sind immer „tough"
(heftig) und sehr aktiv. Sie lieben den
Wettbewerb und hassen es zu verlieren.
Wenn etwas nicht nach ihrem Kopf
geht, machen sie einen riesigen Auf-
stand. Im Allgemeinen fragen sie sehr
viel, gönnen sich und ihren Eltern keine
Pause. Ein „Nein" akzeptieren sie nur
schwer, und es bedeutet für sie: „Ich
habe nicht genügend danach gefragt."
Sie spüren, wo ihre Eltern am verwund-
barsten sind. Weil sie immer sagen, was
sie denken, verletzen sie auch sehr
leicht die Gefühle anderer. Es fällt ihnen
schwer, sich zu entschuldigen.

**Kreuzen Sie an, was auf Ihr Kind
zutrifft!**

Wichtige Charakteristika

- [ ] „Ich weiß, was ich will, und verfolge dieses Ziel."
- [ ] möchte sofort Ergebnisse sehen
- [ ] oftmals abenteuerlustig/tollkühn
- [ ] liebt den Wettbewerb, ist ständig auf Achse
- [ ] ignoriert oftmals althergebrachte Verhaltensregeln
- [ ] stellt offen die Regeln in Frage, nach denen die Dinge funktionieren

Persönliche Vorlieben

- [ ] übernimmt gerne die Verantwortung und Kontrolle
- [ ] traut sich, anders zu sein
- [ ] liebt neue Herausforderungen und das Risiko
- [ ] liebt neuartige Aktivitäten

Unter Druck

- [ ] wird zum Einzelgänger, wenn Dinge erledigt werden müssen
- [ ] wird aggressiv und ungeduldig, wenn seine persönlichen Wünsche oder seine Eigenständigkeit in Gefahr sind
- [ ] braucht Raum zum Atmen

Tipps zur persönlichen Entwicklung

- › Geduld, Einfühlungsvermögen üben
- › Lernen, auf andere einzugehen

Größtes inneres Bedürfnis

- › für seine Taten bewundert werden

Wie Erwachsene helfen können

- › „D-Kindern" ermöglichen, bestimmte Dinge selbst zu entscheiden und zu überwachen.
- › „D-Kindern" ihre Grenzen aufzeigen und sie dabei unterstützen, Ein-schränkungen zu akzeptieren.
- › Wege finden, konstruktiv mit Zornes-ausbrüchen umzugehen.
- › „D-Kindern" helfen, Misserfolge zu verarbeiten, und ihnen klarmachen, dass sie deshalb keine Versager sind.

Das „initiative" Kind

Kinder mit initiativen Verhaltenstendenzen neigen dazu, ständig aktiv zu sein, und ertragen es kaum, alleine zu sein; sie sagen schnell: „Ich weiß nicht, was ich spielen soll!" Sie haben oft wunderbare Ideen, führen diese aber nicht zu Ende, weil sie rasch das Interesse verlieren oder etwas Neues finden. „Er/sie kann nicht eine Minute stillsitzen" ist eine häufige Klage von Eltern mit „I"-Kindern. Sie handeln impulsiv und vertrauen allen. Sie sind sensibel, merken, was andere von ihnen denken, und haben Schwierigkeiten bei Feindschaften. Ihre Liebenswürdigkeit kann schnell in Wut umschlagen, wenn sich ihnen jemand in den Weg stellt. Sie zeigen ihre Gefühle offen und brauchen viele Streicheleinheiten.

Kreuzen Sie an, was auf Ihr Kind zutrifft!

Wichtige Charakteristika

- [ ] „Es ist einfach für mich, neue Freunde zu gewinnen."
- [ ] ist anderen gegenüber herzlich und gutgläubig
- [ ] ist offen für die Gefühle anderer
- [ ] will andere beeindrucken
- [ ] will „dabei" sein
- [ ] ist voller Energie und Begeisterung, gesprächig, beschäftigt sich mit anderen

Persönliche Vorlieben

- [ ] sucht nach Anerkennung
- [ ] liebt es, die Menschen zu unterhalten
- [ ] braucht Freiheiten, um seine Persönlichkeit zu entfalten, will nicht in Details etc. verwickelt sein
- [ ] hasst Routine und Kritik
- [ ] bevorzugt positive, spontane Beziehungen

Unter Druck

- [ ] wird nachlässig, desorganisiert, unrealistisch optimistisch oder übersentimental
- [ ] greift oftmals mit Worten an, und zieht sich dann zurück
- [ ] überzieht sein „emotionales Konto"

Tipps zur persönlichen Entwicklung

> Zeiteinteilung, Gefühl für Dringlichkeiten entwickeln
> emotionale Kontrolle, Objektivität
> Durchhaltevermögen stärken

Größtes inneres Bedürfnis

> begeisterte Zustimmung ernten, permanente Ermutigung erfahren

Wie Erwachsene helfen können

> „I-Kinder" bei organisatorischen Angelegenheiten unterstützen.
> „I-Kindern" beibringen, entschlossener und direkter zu handeln.
> „I-Kindern" erklären, dass es nützlich sein kann, nicht mit dem Strom zu schwimmen.

Das „stetige" Kind

Kinder mit stetigen Verhaltenstendenzen sind gern Teil einer Gruppe, weshalb sie beim Sport sehr gern in einer Mannschaft spielen. Da sie ein langsameres Tempo haben, gehen sie an neue Dinge nicht so schnell heran. Sie können mit festen, genau definierten Abläufen sehr gut leben. Sie fühlen sich am wohlsten und sichersten, wenn sie sich in einer familiären Umgebung befinden. Sie lieben keine Überraschungen, Unterbrechungen oder ständige Veränderungen. Durcheinander und Krisen können bei ihnen große innere Unruhe verursachen. Stetige Kids leiden viel mehr unter familiärer Instabilität als andere Kinder. Sie kommen mit vielen Menschen gut zurecht und fühlen sich vor allem mit beziehungsorientierten Eltern wohl.

Kreuzen Sie an, was auf Ihr Kind zutrifft!

Wichtige Charakteristika

- [ ] „Ich fühle mich am wohlsten, wenn ich weiß, was andere von mir erwarten."
- [ ] tendiert zu Zurückhaltung und Gelassenheit
- [ ] kommt mit verschiedenen Menschen gut zurecht
- [ ] ist motiviert durch Gruppenarbeiten
- [ ] bleibt an Aufgaben dran, ist ein aufmerksamer Zuhörer

Persönliche Vorlieben

- [ ] liebt es, wenn Dinge möglichst unverändert bleiben
- [ ] mag es, mit anderen zusammen alle möglichen Aufgaben zu erledigen
- [ ] mag die ernsthafte Wertschätzung von anderen
- [ ] meidet Veränderungen, Konflikte, Konfrontationen
- [ ] schätzt Sicherheit, stabile Umgebung

Unter Druck

- [ ] passt sich zu sehr an, möchte gefallen
- [ ] tendiert zu Unentschlossenheit
- [ ] spielt Dinge herunter, um Veränderungen zu vermeiden

Tipps zur persönlichen Entwicklung

> mehr Entschiedenheit, Flexibilität und Annahme von Veränderungen
> mehr Initiative ergreifen
> keinen Ärger oder Groll festhalten
> weniger besitzergreifend sein

Größtes inneres Bedürfnis

> als Person wertgeschätzt zu werden

Wie Erwachsene helfen können

> „S"-Kinder die Kehrseiten von Routinen und Regeln begreifen lassen.
> „S"-Kinder zu mehr Bestimmtheit ermutigen.
> „S"-Kindern die eigenen vorhandenen Gefühle bewusstmachen.
> „S"-Kinder lehren, die Absichten anderer nicht persönlich zu nehmen.

Das „gewissenhafte" Kind

Kinder mit gewissenhaften Verhaltenstendenzen denken bereits früh analytisch. Sie nehmen schon als Kind das Leben sehr ernst. Was auch immer sie tun, muss ihren Vorstellungen gerecht werden. Ihr Gespür für Ordnung bildet sich schon sehr früh. Sie stapeln ihre Spielzeuge, legen sie in eine Reihe, ordnen Puzzles und lösen Aufgaben durch Genauigkeit. Sie haben im Allgemeinen einen Platz für ihre Spielsachen, alles ist sauber aufgeräumt. Sie haben oft mit Frustrationen zu kämpfen, wenn sie ihren hohen Maßstäben nicht gerecht werden. Sie bevorzugen es, Dinge allein zu tun. Diese Kinder vermeiden Konflikte und lenken lieber ein. Sie lernen schnell, mit anderen auszukommen, indem sie herausfinden, was von ihnen erwartet wird. Forderungen stellen sie eher indirekt als offen und direkt.

Kreuzen Sie an, was auf Ihr Kind zutrifft!

Wichtige Charakteristika

- [ ] „Ich muss die Dinge richtig machen. Ich fühle mich unwohl, wenn ich Fehler mache."
- [ ] ist motiviert, gründlich und genau
- [ ] zeigt Umsicht und Neugier
- [ ] hat hohe persönliche Leistungsmaßstäbe
- [ ] behält meistens Recht

Persönliche Vorlieben

- [ ] zieht es vor, unter Leuten noch sorgfältiger, ruhiger und aufmerksamer zu sein
- [ ] besteht darauf, Fakten zu diskutieren
- [ ] wünscht Ruhe, um sich auf wichtige Details konzentrieren zu können
- [ ] Dinge müssen einen Sinn haben, bevor sie entschieden werden

Unter Druck

- [ ] wird ängstlich und verwirrt
- [ ] perfektionistisch, zwanghaft
- [ ] zieht sich zurück, benötigt Zeit, alles zu durchdenken
- [ ] denkt zu viel, etwa: „Was wäre, wenn?"

Tipps zur persönlichen Entwicklung

- › größere Toleranz für Konflikte und menschliche Unzulänglichkeiten entwickeln
- › lernen, Gefühle auszudrücken

Größtes inneres Bedürfnis

- › unaufhörlich behütet zu sein, ohne dass es ausgesprochen werden muss

Wie Erwachsene helfen können

- › „G-Kids" helfen, mehr Konzentration darauf zu richten, „wer" sie sind, als darauf „was" sie tun.
- › „G"-Kindern ihren Stellenwert als Mensch versichern und bestätigen.
- › „G"-Kindern geduldig ihre Fragen beantworten und die „Warums" erklären.

Wie erkenne ich meinen Erziehungsstil?

Der eigene Erziehungsstil ist unmittelbar mit dem bevorzugten Verhaltensstil D, I, S oder G verbunden. Falls Sie unseren „1 x 1"-Test für das Umfeld „Familie" ausgefüllt haben, können Sie direkt auf dieses Ergebnis zurückgreifen (siehe Seiten 17 – 19); andernfalls wiederholen Sie bitte den Test für Ihr familiäres Umfeld.

Unsere Zitate-Matrix gibt Ihnen – direkt aus dem Familienleben gegriffen – typische Beispiele unterschiedlichen Erziehungsverhaltens wieder. Sicherlich kommt Ihnen das eine oder andere sogar bekannt vor – vielleicht noch aus der eigenen Kindheit? Welches ist Ihr bevorzugtes Erziehungsverhalten?

Aussagen hoher D-Eltern

- [ ] „Es ist mir egal, wie viele deiner Freunde hingehen. Du gehst nicht."
- [ ] „Mach das doch mal schnell."
- [ ] „Das hast du gut gemacht."
- [ ] „Jetzt reiß dich zusammen, das schaffst du!"
- [ ] „Bei mir wird das so gemacht!"

Aussagen hoher G-Eltern

- [ ] „Du hast das gar nicht schlecht gemacht, aber …!"
- [ ] „Ein bisschen Ordnung muss sein, deshalb …!"
- [ ] „Das hast du sehr gut gemacht, besonders gefällt mir, dass …"
- [ ] „Konzentriere dich bitte."
- [ ] „Und denke bitte daran, dass wir am Samstag unseren Familienabend haben."

Aussagen hoher I-Eltern

- [ ] „Habe ich nicht einen tollen Kuchen für euch gebacken?"
- [ ] „Ich wünsche euch bei Opa und Oma ein ganz tolles Wochenende!"
- [ ] „Hey, wir haben ja ganz vergessen, für unsere Fete einzukaufen!"
- [ ] Nach dem 5. Mal: „Ilse, das ist das letzte Mal, dass ich dir das sage!"
- [ ] „Ich bin stolz auf euch, und ich liebe euch!"

Aussagen hoher S-Eltern

- [ ] „Möchtet ihr Kinder etwas zu trinken haben?"
- [ ] „Pass auf dich auf, und zieh dich warm an!"
- [ ] „Streitet doch nicht immer miteinander, das macht mich ganz nervös!"
- [ ] „Es gefällt mir zwar nicht, was du vorhast, aber wenn du meinst …!"
- [ ] „Wieso wollt ihr jetzt alle ins Freibad – statt wie ausgemacht ins Kino?"

Übersicht

Elternstrategien

Nutzen Sie die Verhaltensweisen Ihres Kindes, um es besser zu verstehen und seine besonderen Stärken zu unterstützen.

Verhaltenstendenzen Ihres Kindes	Engpässe, die Sie bei Ihrem Kind erkennen können	Stärken, die Sie bei Ihrem Kind unterstützen sollten
„D"	☐ ungeduldig ☐ selbstbezogen ☐ kommt nicht zur Ruhe ☐ greift als Erster an ☐ stur ☐ leichtsinnig ☐ unverblümt ☐ kein Einfühlungsvermögen	zielorientiert ☐ überzeugt, zuversichtlich ☐ erzielt Resultate ☐ wetteifert mit anderen ☐ entschlossen ☐ mutig ☐ direkt, aufrichtig ☐ antwortet schnell ☐
„I"	☐ leicht aufzuregen, emotional ☐ redet zu viel ☐ unrealistisch ☐ unorganisiert ☐ impulsiv, undiszipliniert ☐ manipulierend ☐ richtet sich nach seinem Umfeld ☐ Tagträumer	begeistert ☐ guter Unterhalter ☐ optimistisch ☐ viele Aktivitäten ☐ spontan ☐ überzeugend ☐ kontaktfreudig ☐ phantasievoll ☐
„S"	☐ blockiert Veränderungen ☐ unentschlossen ☐ langsames Tempo ☐ manchmal zu ruhig ☐ übermäßige Anpassung ☐ nicht gesprächig ☐ leicht zu manipulieren ☐ übermäßig abhängig	standhaft ☐ stabil ☐ systematisch ☐ gelassen ☐ nett, entgegenkommend ☐ guter Zuhörer ☐ ein Herz für andere ☐ zuverlässig ☐
„G"	☐ kritisch ☐ ungesellig ☐ sorgt sich zu viel ☐ leicht zu verletzen ☐ perfektionistisch ☐ fürchtet Kritik an seiner Arbeit ☐ setzt sich selbst unter Druck ☐ Naseweis, Besserwisser	analytisch ☐ vorsichtig, ernsthaft ☐ gewissenhaft ☐ sensibel, intuitiv ☐ ordentlich ☐ macht Dinge korrekt ☐ hohe persönliche Standards ☐ neugierig, fragend ☐

Wie kann ich „D"- und „I"-Kinder besser fördern?

Unterstützen Sie die Entwicklung Ihres Kindes entsprechend seinen Bedürfnissen.

„D"-Kinder

☐ brauchen genau definierte Gebiete, in denen Sie Verantwortung tragen und Kontrolle übernehmen können. Das Maß dieser Verantwortungsbereiche sollte mit zunehmendem Alter des Kindes steigen.

☐ brauchen Herausforderungen, Wettbewerbsmöglichkeiten, Veränderungen und Entscheidungsmöglichkeiten.

☐ müssen verstehen lernen, dass man trotz richtiger Ziele Misserfolge erleben kann, dies aber nichts mit Versagen zu tun haben muss.

☐ müssen darauf hingewiesen werden, wie wichtig Grenzen sind.

☐ brauchen Hilfestellungen, um ihre Aufgaben durchdachter anzugehen. Zeigen Sie ihnen auch, wann es an der Zeit ist abzuschalten.

☐ leben in einer Welt der Realitäten und Ergebnisse, nicht der Gefühle. Lehren Sie Ihr Kind anhand vergangener Konflikte, Mitgefühl und Verständnis für andere zu zeigen, die verletzt oder enttäuscht wurden.

☐ müssen alles genau, logisch und klar mitgeteilt bekommen, wenn sie ihr Verhalten korrigieren wollen. Sie rebellieren, wenn Forderungen oder Bestrafungen nicht logisch oder fair scheinen, stellen Ihr Handeln in Frage und versuchen, eine geringere Bestrafung auszuhandeln. Seien Sie kurz und prägnant. Geben Sie ihnen nach Konfrontationen die Gelegenheit nachzudenken, bevor Sie sie darauf ansprechen.

„I"-Kinder

☐ brauchen eine freundliche Umgebung und viel Spaß. Ständige Ermutigungen sind für „I"-Kinder der Schlüssel zum Erfolg. Mit einem Wort der Ermutigung erreichen Sie viel mehr als mit Kritik oder Anschreien.

☐ müssen früh angeleitet werden, ihr Zimmer sauber zu halten und mit Geld richtig umzugehen.

☐ müssen lernen, manche Dinge aufzuschreiben, sich zu organisieren und Dinge zu Ende zu bringen. Bleiben Sie dran, und leiten Sie Ihr Kind praktisch an, wie es Ihre Erwartungen in kleinen und auch großen Schritten erfüllen kann. Loben Sie es häufig, denn das tut ihm gut.

☐ müssen lernen, in ungünstigen Situationen standfest und direkt zu sein, statt unter Einfluss rasch ihre Meinung zu ändern.

☐ brauchen die Anerkennung anderer. Sie wollen das tun, was alle anderen auch tun – um dazuzugehören.

☐ wollen dafür gelobt werden, was sie erreicht haben, ohne darauf hingewiesen zu werden, was sie nicht so gut gemacht haben. Sie brauchen ein Umfeld, in dem ihr Handeln nicht beurteilt wird.

☐ haben ein größeres Bedürfnis nach Zuneigung und Kuscheleinheiten als die Kinder der anderen Verhaltensstile.

Wie kann ich „S"- und „G"-Kinder besser fördern?

Unterstützen Sie die Entwicklung Ihres Kindes entsprechend seinen Bedürfnissen.

„S"-Kinder

☐ brauchen ein stabiles, sicheres Umfeld. Sind Veränderungen nötig, so erklären Sie ihnen, welche Auswirkungen diese auf ihr Leben haben können, und geben Sie ihnen genügend Zeit, sich daran zu gewöhnen.

☐ brauchen persönliche Unterstützung und ehrliche Anerkennung. Das Kind möchte es allen recht machen. Zeigen Sie Geduld. Es fürchtet Konfrontationen und Konflikte. Es hat ein tiefes Bedürfnis, für einen anderen Menschen etwas Besonderes zu sein. Übersehen Sie es also nicht einfach, nur weil es keine Forderungen stellt.

☐ sollten Sie dazu anleiten, wie sie ihre Ziele in die Zusammenarbeit einbringen und auch durchsetzen können.

☐ brauchen Ermutigung, Aufgaben auch einmal anders anzugehen.

☐ brauchen Hilfe, Gefühle zu zeigen – auch Wut. Reden Sie mit ihnen in einer freundlichen Umgebung über ihre Reaktionen in Konfliktsituationen.

☐ brauchen Anleitung, um sich selbst Ziele zu setzen. Belohnen Sie sie dafür. Stetige Kinder arbeiten viel besser, wenn sie ihre Aufgaben auf einer Liste abhaken können.

☐ müssen lernen, selbst Entscheidungen zu treffen, indem Sie ihnen schon früh verschiedene Auswahlmöglichkeiten bieten.

„G"-Kinder

☐ sind davon überzeugt, dass wir, wenn wir sie wirklich lieben, ihre Bedürfnisse kennen, ohne dass sie uns diese nennen müssen. Erforschen Sie ihre Gefühle, um zu erfahren, was in ihnen vorgeht. Helfen Sie ihnen, ihre Gefühle mit Worten auszudrücken.

☐ brauchen Zeit, um Qualitätsarbeit zu leisten. Drängen Sie „G"-Kinder nicht.

☐ sollten nie gesagt bekommen, dass ihre Probleme oder Bedenken unsinnig oder sie zu pingelig sind. Dies würde ihnen das Gefühl geben, dass ihre Lebensauffassung nicht wichtig ist.

☐ müssen lernen, eine größere Toleranz in Konfliktsituationen oder bei Unvollkommenheit zu entwickeln. Niemand hat immer Recht – auch sie nicht.

☐ sind kritisch und beklagen sich häufig.

☐ stecken ihre Ziele oft so hoch, dass sie unerreichbar bleiben. Deshalb kämpfen sie ständig gegen Unzulänglichkeiten. Stärken Sie ihr Selbstvertrauen, indem Sie betonen, dass sie als Mensch wertvoll sind, und nicht, weil sie etwas Bestimmtes tun. Zeigen Sie ihnen, wie Sie mit ihren Stärken und Fähigkeiten große Ergebnisse erzielen können

☐ lieben es, sich alleine zu beschäftigen. Werten Sie das nicht als Ablehnung oder als Protest. Ermöglichen Sie den Kindern einen „natürlichen" Wechsel zwischen dem Alleinsein und gemeinsamen Aktivitäten.

Wie Sie das Selbstwertgefühl Ihres Kindes aufbauen

Finden Sie – alternativ zu unseren Aussagen – eigene Beispiele und Formulierungen, die Ihrer Prägung, Neigung und Ihrem kulturellen Hintergrund entsprechen.

Bestätigung und Ermutigung für Ihr Kind

Diese Bejahungen (Affirmationen) sind Aussagen, wie Sie die Persönlichkeit des anderen sehen können. Sie verstärken das gezeigte Verhalten und unterstützen sein persönliches Wachstum. Es hängt von Ihrer Sichtweise ab, ob Sie die gezeigte Verhaltensintensität Ihres Kindes als akzeptabel (Stärke) oder als übertrieben (Engpass) betrachten.

D-Kindern sagen Sie am besten:

- [ ] Ich mag deine Art, wie du die Dinge angehst und sie verfolgst.
- [ ] Ich freue mich, dass du die Dinge auf deine Art in die Hand nimmst.
- [ ] Es ist erstaunlich, wie viel du zustandebringst, wenn du dich für eine Sache ganz einsetzt.
- [ ] Ich habe bemerkt, dass du dich voll einsetzt, um zu gewinnen.
- [ ] Du scheinst zu wissen, was du willst, und gehst dem auch nach.
- [ ] Du hast eine sehr ehrliche Art, genau auszudrücken, wie du Dinge empfindest.
- [ ] Du reagierst schnell auf eine Situation und suchst nach einer Lösung.

I-Kindern sagen Sie am besten:

- [ ] Deine Begeisterung ist ansteckend!
- [ ] Du bist sehr begabt, deine Gedanken, Meinungen und Ideen zu äußern.
- [ ] Du bist so eifrig, an allem teilzunehmen, was um dich herum vorgeht.
- [ ] Ich schätze deine Art, dich schnell in Dinge hineinzuversetzen.
- [ ] Du hast eine einzigartige Fähigkeit, Menschen zu motivieren.
- [ ] Du magst Menschen wirklich und möchtest, dass sie dich mögen.
- [ ] Was für eine großartige Idee! Du hast so viel Phantasie!

G-Kindern sagen Sie am besten:

- [ ] Das ist wirklich eine großartige Arbeit! Du hast alles Schritt für Schritt genau durchdacht.
- [ ] Ich weiß, dass du alles, was du tust, sehr sorgfältig durchdenkst.
- [ ] Du arbeitest so hart. Ich schätze es, dass du immer dein Bestes gibst.
- [ ] Ich mag deine Art, aufmerksam zu sein für das, was andere denken und fühlen.
- [ ] Ich kann mich darauf verlassen, dass du Dinge präzise und genau tust.
- [ ] Du wendest viel Zeit und Energie auf, um sicherzugehen, dass die Dinge richtig getan werden.
- [ ] Es ist ein guter Zug, dass du alles Mögliche verstehen möchtest, um eine Sache zu ergründen.

S-Kindern sagen Sie am besten:

- [ ] Es ist in Ordnung, Dinge zu mögen, die gleich bleiben.
- [ ] Wenn du dich für etwas entschieden hast, bleibst du dran.
- [ ] Ich finde es gut, dass du dir Zeit nimmst, um Dinge gut zu machen.
- [ ] Durch deine Anpassungsfähigkeit kommst du mit jedermann gut aus.
- [ ] Deine Art, anderen wirklich zuzuhören, gibt den Leuten ein gutes Gefühl.
- [ ] Ich schätze dein mitfühlendes Wesen und deine Gutmütigkeit.
- [ ] Ich kann immer mit deiner Unterstützung rechnen.

Übersicht

Erziehungstipps für Eltern

Nachdem Sie Ihr eigenes Erziehungsverhalten erkannt haben, folgen nun Empfehlungen, wie Sie – passend zu Ihrem persönlichen Verhaltensstil – Kinder effektiver „führen", mit ihnen besser kommunizieren, auf ihr Tempo angemessen eingehen und eigene Engpässe überwinden können.

Erziehungs-Schwerpunkte	„D"-Eltern	„I"-Eltern	„S"-Eltern	„G"-Eltern
Wie Sie Kinder „führen" können	☐ Akzeptieren Sie, dass Sie nicht immer alles kontrollieren können. ☐ Sie sollten wissen, dass Ihre Kids auf Ihre „dominanten" Anweisungen eventuell nicht mehr reagieren, wenn diese immer befehlend sind.	☐ Initiative Eltern müssen lernen, einige der „hohen D"- und „hohen G"-Fähigkeiten anzuwenden, so dass sie nicht in einen ineffektiven, zu toleranten Erziehungsstil abrutschen. ☐ Konzentrieren Sie sich darauf, mehr zuzuhören.	☐ Wer Kids immer wieder erlaubt, Grenzen zu übertreten, wird ihnen auf lange Sicht schaden zufügen. ☐ Kids, denen alle Wünsche erfüllt werden, können von ihren Eltern abhängig werden, auch wenn sie schon lange erwachsen sind.	☐ Wenn Kinder gerne Aufgaben anders als Sie lösen wollen, sollten Sie hierzu Kreativität lassen. ☐ Bewahren Sie Ihre Kinder vor Perfektionismus.
Wie Sie mit Kindern kommunizieren können	☐ Geben Sie keine zu schnellen Antworten, aber genaue Erklärungen, besonders dann, wenn Sie Kids Anweisungen zur Erledigung einer Aufgabe geben. ☐ Lassen Sie es zu, dass Kinder Fragen stellen können, ohne in die Defensive gedrängt zu werden.	☐ Bleiben Sie konsequent, wenn Sie Kindern ihre Grenzen zeigen. Machen Sie deutlich, dass Sie mit „ja" auch ein Ja meinen, und mit „nein" ein Nein. ☐ Lassen Sie sich nicht auf Überredungsversuche ein. ☐ Denken Sie nicht, dass Sie immer alles erklären müssen.	☐ Zeigen Sie Ihre Gefühle offener. Sagen Sie laut, wenn Sie sich über etwas ärgern, statt Ihren Frust in sich hineinzufressen. ☐ Seien Sie entschlossener, halten Sie sich strikt an die Regeln, die Sie für sich selbst festgelegt haben.	☐ Erwarten Sie nicht, dass die Kinder Ihre Gedanken lesen können. ☐ Stellen Sie nicht zu viele Fragen, es könnte sonst wie ein Verhör aussehen. ☐ Überfordern Sie Ihre Kinder nicht mit zu vielen Erklärungen und Details.

Übersicht

Erziehungstipps für Eltern

Erziehungs-Schwerpunkte	„D"-Eltern	„I"-Eltern	„S"-Eltern	„G"-Eltern
Wie Sie auf das Tempo von Kindern eingehen können	☐ Werden Sie bei Kids mit einem langsamen Tempo nicht ungeduldig. ☐ Zügeln Sie Ihr Tempo, damit Ihre Familie und auch Sie selbst Gelegenheit und Muße haben, sich zu erholen.	☐ Schalten Sie auf ein langsameres Tempo. Wenn Sie das nicht beachten, kann Ihr schnelles Tempo bei Ihren Kindern ein hohes Maß an innerem Stress oder Druck verursachen.	☐ Es gibt Zeiten, in denen Sie für Ihre Kinder ein schnelleres Tempo vorlegen und sich aus Ihrer „Komfortzone" herauswagen müssen. Übernehmen Sie häufiger die Initiative, wenn es erforderlich ist.	☐ Entspannen Sie sich, und zeigen Sie zumindest beim Zusammensein in Ihrer Familie größere Spontaneität. ☐ Rechnen Sie damit, dass andere schneller Entscheidungen treffen als Sie selbst. Diese müssen deshalb nicht schlechter sein.
Welche eigenen Engpässe Eltern beachten sollten	☐ Geben Sie es offen zu, wenn Sie sich geirrt oder einen Fehler gemacht haben. Zeigen Sie, dass es Ihnen Leid tut, und bitten Sie um Entschuldigung.	☐ Machen Sie sich bewusst, dass es Ihnen schwer fällt, „Nein" zu sagen. Auch wenn sich Ihre Kids im Moment über Sie ärgern müssen, werden sie es Ihnen später einmal danken.	☐ Es ist nicht lieblos, sich einmal Zeit für sich selbst zu nehmen. Planen Sie mindestens ein Ereignis pro Woche ein, bei dem Sie Ihren emotionalen Tank wieder auffüllen können, den Sie für andere so gerne leeren.	☐ Beachten Sie, dass die Aufgaben, Pflichten und Projekte Ihrer Kinder nicht wichtiger als die Kinder selbst sind. Machen Sie sich die Tatsache bewusst, dass niemand immer alles richtig machen kann, und vermitteln Sie dies den Kindern.

4. Umsetzung

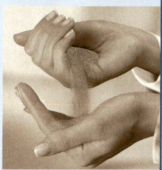

»Wir sind nicht nur
für das verantwortlich,
was wir tun,
sondern auch für das,
was wir nicht tun.«

Molière

Umsetzung

Entwicklung einer persönlichen Anpassungsstrategie

Für das Zusammenleben und -arbeiten mit anderen Menschen ist es wichtig, sich bewusst zu machen, dass jeder Mensch anders ist. Deshalb müssen wir anpasssungsfähig werden und lernen, mit unterschiedlichen Menschen auch unterschiedlich umzugehen, sei es mit unseren Mitarbeitern und Teammitgliedern, Kunden, Freunden, Partnern, Eltern oder Kindern.

Wichtig ist die Unterscheidung zwischen Anpassungsfähiggkeit und Manipulation. Anpassungsfähigkeit zu entwickeln, bedeutet nicht, jemanden zu maipulieren, denn unter Manipulation versteht man: den bewussten und gezielten Einfluss auf Menschen ohne deren Wissen und oft gegen deren Willen oder eine absichtliche Verfälschung von Informationen durch Auswahl, Zusätze oder Auslassung.

Anpassungsstrategie dagegen bedeutet, unser eigenes Verhalten an die speziellen Bedürfnisse einer Person oder Situation anzupasssen.

Zu wie viel Anpassung wir fähig sind, zeigen uns die Situationen, in denen wir ganz sensibel bemüht sind, die Bedürfnisse des anderen zu entdecken und zu erfüllen. Denken Sie daran, wenn Sie frisch verliebt sind; oder als Eltern ihr erstes Kind in Händen halten: Alles was Sie überlegen und tun, dreht sich um die Person des „Du". Mit der Zeit werden Sie herausfinden, was das „richtige Maß" an Anpassung bedeutet. Grundsätzlich gilt:

Zeigen wir eine

> geringe Anpassungsfähigkeit, so verändern wir unser persönliches Verhalten in unterschiedlichen Situationen kaum oder gar nicht;
> hohe Anpassungsfähigkeit, dann sehen wir in fast allen Situationen nur den anderen und verhalten uns so, wie wir glauben, dass es notwendig ist.

Keines dieser beiden Extreme ist strategisch sinnvoll. Das optimale Verhalten liegt darin, einerseits ganz man selbst zu sein, andererseits jedoch sensibel und aufmerksam festzustellen, wann eine Anpassung nötig ist und was das konkret bedeutet.

Wir können andere nicht durch direktes Handeln verändern. Wenn wir aber unser Verhalten an die Bedürfnisse eines anderen Menschen anpassen, wird dieser eher positiv auf unser Verhalten reagieren, weil seine Bedürfnisse erfüllt werden.

Selbst-Test: Wie anpassungsfähig sind Sie?

Im Allgemeinen halten wir uns für anpassungsfähiger als wir eigentlich sind. Bewerten Sie nun Ihre Anpassungsfähigkeit. Nachfolgend finden Sie einige Verhaltensweisen, die auf eine gute Anpassungsfähigkeit hinweisen. Denken Sie über jede Aussage kurz nach, und antworten Sie so, wie Ihr Umfeld (!) Sie einschätzen würde:

Mein Verhalten	stark		mittel		schwach
	1	2	3	4	5
1. Ich strebe nach Beziehungen, in denen jeder gewinnt.					
2. Ich habe eine offene Haltung und bin flexibel.					
3. Ich bin bereit, mich zu ändern, um den Bedürfnissen des anderen entgegenzukommen.					
4. Ich vermittele anderen den Eindruck, dass ich gut mit ihnen auskommen möchte.					
5. Ich beeinflusse Situationen und Ergebnisse eher durch die Kraft meiner Person, als durch meine Machtposition.					
6. Ich stelle sicher, dass andere sich wohlfühlen.					
7. Ich gehe gut mit Situationen um, in denen ich mich nicht wohlfühle.					
8. Ich achte auf das, was der andere sagt oder tut.					
9. Ich bin geduldig und ein guter Zuhörer.					
10. Ich mache mir Gedanken um das Wohlergehen anderer.					
Zwischensummen					
	x 1	x 2	x 3	x 4	x 5

Punkte: _____

Um Ihre eigene Anpassungsfähigkeit zu ermitteln, zählen Sie die Punkte einfach zusammen.

Auswertung:
Beträgt Ihr „1 x 1"-AQ (Anpassungs-Quotient)
> 10 – 20 Punkte, dann sind Sie besonders anpassungsfähig.
> 21 – 30 Punkte, dann sind Sie relativ gut anpassungsfähig.
> 31 – 40 Punkte, dann sind Sie weniger anpassungsfähig.
> 41 – 50 Punkte, dann sind Sie bisher nicht anpassungsfähig.

Wie entwickeln Sie eine größere Anpassungs-fähigkeit?

Anpassungsfähigkeit ist situationsbedingt und hängt davon ab, was „auf dem Spiel" steht. In beruflichen Situationen sind wir meistens anpassungsfähiger, weil wir einen guten Eindruck machen möchten. Privat geben wir uns eher so, wie wir tatsächlich sind.

Anpassungsfähigkeit ist sowohl
> eine Haltung – wir müssen nämlich wollen – als auch
> eine Fertigkeit, indem wir so handeln, wie es der Situation entspricht.

Wir müssen nicht bei unserem jetzigen Grad der Anpassungsfähigkeit bleiben, sondern können dazulernen und uns selbst ändern. Vielen fällt es jedoch schwer, weil wir immer wieder in alte Gewohnheiten zurückfallen.

Eine praktische Orientierung für eine größere Anpassungsfähigkeit gibt Ihnen die folgende Tabelle:

Ihre Verhaltens-tendenzen	D	I	S	G
Legten Sie bis jetzt weniger Wert darauf:	Menschen und Situationen in Ihrer Umwelt zu bestimmen?	Anerkennung durch andere als wichtigste Motivationsquelle zu sehen?	neuen Ideen zu widerstehen; Konflikte und Veränderungen zu scheuen?	perfektionistisch zu sein; die Schwächen bei sich und anderen zu betonen?
Seien Sie ab heute eher:	☐ geduldig ☐ anerkennend ☐ offen für andere ☐ bereit, anderen zuzuhören	☐ Zuhörer statt Sprecher ☐ offen für Daten, Fakten ☐ vorbereitet ☐ organisiert	☐ direkt mit Ihrer Meinung ☐ offen für Gespräche und Diskussionen ☐ offen für Veränderungen ☐ anpassungsfähig	☐ flexibler bei Problemlösungen ☐ offen für die Ansichten anderer ☐ bereit, Risiken mitzutragen ☐ mitfühlend

Schritte zu einer größeren Anpassungsfähigkeit

Um Ihre Anpassungsfähigkeit gegenüber anderen Menschen zu verbessern, sollten Sie in fünf Schritten vorgehen:

Die Fünf Schritte der 1 x 1-Anpassungsstrategie

1. Schritt
Durch Beobachten den bevorzugten Verhaltensstil anderer Menschen erkennen.

2. Schritt
Auf die zwischenmenschlichen Bedürfnisse anderer Menschen eingehen.

3. Schritt
Eine positive Einstellung gegenüber Menschen mit anderem Verhaltensstil entwickeln.

4. Schritt
Herausfinden, welche Spannungen Sie bei bestimmten Menschen verursachen könnten; Konfliktbereiche identifizieren.

5. Schritt
Ihre gewonnene Anpassungsfähigkeit so einsetzen, dass die zwischenmenschlichen Bedürfnisse dieser Menschen erfüllt werden.

Jeder Mitarbeiter, Chef, Kunde, Freund, Partner oder jedes Kind hat Erwartungen an uns. Wir müssen erspüren, in welchen Situationen sich der andere unwohl fühlt. Dann müssen wir sein Verhalten beobachten und unser Verhalten so anpassen, dass Spannungen abgebaut werden und der andere sich besser fühlt. Dies fällt umso schwerer, je mehr sich der andere von uns unterscheidet.

1. Schritt:
Durch Beobachten das
Verhalten anderer erkennen

Unsere Checkliste „Grobeinschätzung"
hilft Ihnen, sich ein vorläufiges Bild
vom vorherrschenden Verhaltensstil
anderer Menschen, etwa im Gespräch zu
machen:

☐ Beobachten Sie detailliert das tat-
sächliche Verhalten der Person, also
was sie tut, sagt und vor allem wie
sie es sagt.
Achten Sie dabei besonders auf:
› Körpersprache wie Haltung,
Gestik, Mimik.
› Ausdrucksweise wie Tonfall,
Tempo, Lautstärke.
› die tatsächliche Botschaft in den
Worten wie Formulierung, Inhalt
etc.

☐ Prüfen Sie zuerst, ob die Person
eher extrovertiert und direkt oder
introvertiert und zurückhaltend,
regelrecht reserviert ist.
Dadurch können Sie zunächst Personen mit „D"- und „I"- Verhalten von
Personen mit „S"- und „G"- Verhalten unterscheiden. Beobachten Sie
dann auch andere Verhaltensweisen.

☐ Haben Sie die Person als extrovertiert eingestuft, prüfen Sie, ob diese
› eher wetteifernd und bestimmend
ist oder
› eher gesprächig und beeinflussend ist.
Dadurch ist es Ihnen möglich, zwischen
„D-" und „I-"Persönlichkeiten zu unterscheiden. Anhaltspunkte für diese Verhaltensstile finden Sie in der nachfolgenden Checkliste.

☐ Haben Sie die Person als introvertiert eingestuft, prüfen Sie, ob diese
› eher akzeptierend und ausführend
oder
› eher abwägend und nachdenklich
ist.
Dadurch unterscheiden Sie zwischen „S"
und „G". Anhaltspunkte für diese Verhaltensstile finden Sie in der nachfolgenden Checkliste.

☐ Wenn Sie die vorherrschende Verhaltenstendenz Ihres Gesprächspartners
festgestellt haben, dann werden
Ihnen vielleicht auch Verhaltensweisen auffallen, die auf einen anderen
Stil hinweisen. Das ist ganz normal,
denn alle Menschen zeigen alle vier
Verhaltensstile. Worin wir uns von
anderen jedoch unterscheiden, ist
die unterschiedliche Kombination
dieser Verhaltenstendenzen.

Übersicht

1 x 1-Checkliste: Grobeinschätzung

Wählen Sie jeweils die Verhaltensweise aus, die den deutlichsten Hinweis auf beobachtbare Verhaltenstendenzen der betreffenden Person in einer bestimmten Situation gibt.

1. Check
verhält sich diese Person mehr …

oder

- [ ] **extrovertiert/direkt**
- [ ] schnelles Tempo/redegewandt
- [ ] lautes Reden
- [ ] variabler Tonfall
- [ ] offen für Neues

- [ ] **introvertiert/reserviert**
- [ ] langsames Tempo
- [ ] eher fragend als sagend
- [ ] leise/weich sprechend
- [ ] eher monoton
- [ ] abwartend

2. Check
verhält sich diese Person eher …

oder

- **… wetteifernd und bestimmend?**
- [ ] „D"-Verhalten
- [ ] verschlossene Haltung
- [ ] eher ausdrucksloses/kühles Gesicht
- [ ] kann Gefühle nicht ausdrücken
- [ ] burschikos/hemdsärmelig
- [ ] betont „WAS"-Fragen
- [ ] orientiert sich an Zielen und Resultaten

- **… gesprächig und beeinflussend?**
- [ ] „I"-Verhalten
- [ ] offene Haltung
- [ ] animierendes/warmes Gesicht
- [ ] kann Gefühle mitteilen
- [ ] zwanglos, leger
- [ ] betont „WER"-Fragen
- [ ] konzentriert sich auf Personen und Anerkennung

oder

- **… abwägend und nachdenklich?**
- [ ] „G"-Verhalten
- [ ] geschlossene Haltung
- [ ] eher ausdrucksloses/kühles Gesicht
- [ ] äußert kaum Gefühle
- [ ] formal
- [ ] betont „WARUM"-Fragen
- [ ] orientiert sich an Qualität und Analysen

- **… akzeptierend und ausführend?**
- [ ] „S"-Verhalten
- [ ] offene Haltung
- [ ] eher entspanntes/warmes Gesicht
- [ ] kann seine Gefühle mitteilen
- [ ] zwanglos
- [ ] betont „WIE"-Fragen
- [ ] orientiert sich an Stabilität und Kooperation

2. Schritt:
Zwischenmenschliche Bedürfnisse anderer berücksichtigen

Wir wollen nun betrachten, wie Sie sich gegenüber den vier verschiedenen Verhaltensstilen effektiver verhalten und auf sie eingehen können.

	D	**I**	**S**	**G**
Wie verhalte ich mich am effektivsten gegenüber …	**Seien Sie direkt** ☐ Nennen Sie zuerst die Resultate/ Gewinne, und erläutern Sie Details nur, wenn nötig. ☐ Seien Sie schnell, und kommen Sie gleich zum Thema. ☐ Fordern Sie „D" heraus.	**Zeigen Sie Enthusiasmus** ☐ Seien Sie zustimmend, freundlich. ☐ Sprechen Sie „I" Lob aus; unterstützen Sie sein Selbstwertgefühl. ☐ Geben Sie „I" das Gefühl, dass er gebraucht wird.	**Zeigen Sie Ihre Freundschaft** ☐ Zeigen Sie „S" Ihre Freundschaft. ☐ Nehmen Sie die Dinge leicht; weisen Sie „S" nicht auf die Ziele hin. ☐ Drängen Sie „S" nicht. ☐ Ermöglichen Sie „S", in seinem eigenen Tempo zu reagieren.	**Seien Sie analytisch** ☐ Nennen Sie „G" genaue Fakten. ☐ Stellen Sie „G" Ihre Ideen sachlich vor. ☐ Drängen Sie „G" nicht. ☐ Seien Sie gründlich und präzise.
Wie überzeuge ich …	Schlüsselfrage: **Was?** ☐ Konzentrieren Sie sich auf Ergebnisse. ☐ Präsentieren Sie die Endergebnisse zuerst. ☐ Beantworten Sie die Frage: „Was ist der Gewinn?"	Schlüsselfrage: **Wer?** ☐ Zeigen Sie Emotionen und Enthusiasmus. ☐ Teilen Sie „I" die Aussagen wichtiger Personen mit. ☐ Beantworten Sie die Frage: „Welche anderen Personen haben dasselbe getan?"	Schlüsselfrage: **Wie?** ☐ Seien Sie freundlich. ☐ Nehmen Sie sich für „S" Zeit. ☐ Beantworten Sie die Frage: „Wie wollen Sie, dass ich diese Aufgabe erledige?"	Schlüsselfrage: **Warum?** ☐ Es ist sehr wichtig für „G", die Dinge „richtig" zu tun. ☐ Zeigen Sie Schritt für Schritt, was zu tun ist. ☐ Beantworten Sie die Frage: „Warum wollen Sie diese Dinge verändern?"
Wie führe ich …	**Ziele/Resultate** ☐ Teilen Sie „D" das „Was" mit, und lassen Sie ihn das „Wie" selbst bestimmen. ☐ Ermöglichen Sie es „D" Kontrolle und Verantwortung auszuüben.	**Gruppe/Anerkennung** ☐ Fragen Sie „I" bei neuen Ideen, Projekten und Mitarbeitern nach seiner Meinung. ☐ Loben Sie seine Leistungen im Beisein anderer.	**Gruppe/Beziehungen** ☐ Für „S" ist es wichtig, Aufgaben gemeinsam zu erledigen. ☐ Pflegen Sie die Beziehung. ☐ Ermöglichen Sie „S", ein friedliches Umfeld;	**Ziele/Qualität** ☐ Es ist wichtig für „G", den besten Weg zu finden, um eine Aufgabe zu lösen. ☐ Seien Sie dazu bereit, eng mit „G" zusammenzuarbeiten.

	D	I	S	G
Wie führe ich ...	☐ Definieren Sie die Verantwortlichkeiten klar.	☐ Ermöglichen Sie „I", Spaß zu haben.	☐ verhindern Sie Konflikte.	☐ Geben Sie „G" die Zeit, die Dinge richtig zu tun.
Wenn ich anderer Meinung bin als ...	Seien Sie einverstanden mit: **seinem Ziel/seiner Kontrolle.**	Seien Sie einverstanden mit: **seinen Visionen/seinen Zeitvorstellungen.**	Seien Sie einverstanden mit: **der gemeinsamen Zusammenarbeit.**	Seien Sie einverstanden mit: **den vorhandenen Tatsachen.**
	Fragen Sie: „Warum ist das Ihrer Meinung nach der beste Weg? Haben Sie auch Alternativen bedacht, um dieses Ziel zu erreichen?"	Lassen Sie etwas Zeit vergehen. „I" regt sich über so viele Dinge auf und wird sich bald der nächsten Sache zuwenden.	Nehmen Sie sich Zeit, „S" zu erklären, dass diese Meinungsverschiedenheit ihre Beziehung nicht beeinträchtigen wird.	Sammeln Sie Fakten. „G" lässt sich nicht durch das Appellieren an seine Gefühle oder verbale Geschicklichkeit überzeugen.

3. Schritt:
Positive Einstellung gegenüber anderen entwickeln

Wir neigen dazu, Menschen, die denselben Verhaltensstil (wie wir) haben, eher nach ihren Stärken und Menschen mit einem anderen Verhaltensstil eher nach ihren Schwächen zu beurteilen:

	D	I	S	G
Stärken	selbstbewusst schnell energisch zielorientiert entschlussfreudig anspruchsvoll	mitreißend enthusiastisch reagiert schnell kontaktfreudig einflussreich ideenreich	unterstützend geduldig voraussagbar teamfähig loyal zuverlässig	gründlich analytisch ordnungsliebend diplomatisch fleißig kritisch
Schwächen	arrogant überfahrend bestimmend kompromisslos beherrschend überfordernd	leicht erregbar theatralisch voreilig kumpelhaft manipulierend sprunghaft	unselbständig ausnutzbar unflexibel unterordnend unterwürfig abhängig	pedantisch bremsend, stur penibel umständlich freudlos misstrauisch

Entwickeln Sie eine positive Einstellung gegenüber anderen, und beurteilen Sie diese vor allem nach Ihren Stärken. Gewinnen Sie selbst durch die Stärken der anderen, und gleichen Sie deren Schwächen durch Ihre Stärken aus.

4. Schritt:
Konfliktbereiche identifizieren

Unser Verhalten verursacht dadurch bei anderen Menschen Spannungen, dass wir bestimmte Dinge auf eine gewisse Art und Weise tun – oder nicht tun:

Aspekte Ihres Verhaltens, die bei dieser Person Spannungen erzeugen

	Die andere Person zeigt ein: „D"	Die andere Person zeigt ein: „I"	Die andere Person zeigt ein: „S"	Die andere Person zeigt ein: „G"
Sie zeigen ein: „D"-Verhalten	Ihre Tendenz übermäßiger Kontrolle, wenn dadurch die Freiheiten und Möglichkeiten der anderen Person eingeschränkt werden, die Situation zu kontrollieren.	Ihre starke Ergebnisorientierung und Ihr deshalb nur geringes Interesse an einer angenehmen Atmosphäre.	Ihre Angewohnheit, sich keine Zeit zum Zuhören zu nehmen. Dass Ihnen Ihre Zeit wichtiger ist als eine Beziehung.	Ihr schnelles Tempo und, daraus folgend, mangelnde Gründlichkeit. Ihre große Risikobereitschaft.
Sie zeigen ein: „I"-Verhalten	Ihre mangelnde Zielorientierung. Ihre zu starken emotionalen Reaktionen und Ihre Redseligkeit.	Ihr Streben nach Anerkennung, vor allem, wenn Sie dadurch die Aufmerksamkeit für die andere Person schmälern.	Die Oberflächlichkeit vieler Ihrer Beziehungen. Ihr schnelles Tempo.	Ihr mangelndes Interesse am Detail. Ihre impulsiven Reaktionen.
Sie zeigen ein: „S"-Verhalten	Ihre Abneigung gegenüber Veränderungen und Ihre Tendenz zur Verschlossenheit.	Ihr langsames Tempo und Ihr mangelnder Enthusiasmus.	Ihre mangelnde Initiative, besonders wenn die andere Person deshalb die Initiative ergreifen muss.	Dass Ihnen Beziehungen und Menschen wichtiger sind als die Aufgabe.
Sie zeigen ein: „G"-Verhalten	Ihr langsames Tempo und methodisches Vorgehen. Ihre geringe Risikobereitschaft.	Ihre Detailorientierung und Ihre mangelnde Spontaneität.	Ihre Tendenz, der anderen Person nicht zu zeigen, wie es Ihnen wirklich geht.	Ihr Streben, Dinge genauer und korrekter zu tun, als die andere Person es kann.

Viele Konflikte sind vermeidbar, die meisten vorhersehbar. Weil Menschen mit anderen Verhaltensstilen die Welt auch mit anderen Augen sehen, sind Spannungen vorprogrammiert.

Bei Konflikten erwarten wir zuerst von anderen, dass diese ihr Verhalten ändern – wir selbst jedoch sind weniger dazu bereit. Wenn nicht Sie – wer dann?

5. Schritt:
Die gewonnene Anpassungsfähigkeit einsetzen

Prüfen Sie, welche der angegebenen Punkte für Sie selbst wichtig sind, um Ihre Beziehungen zu anderen Menschen zu verbessern:

D

- [ ] Zuhören lernen
- [ ] sich mehr um Menschen kümmern
- [ ] nicht nur eine Meinung zulassen
- [ ] mehr Unterstützung bieten
- [ ] mehr Offenheit und Wärme zeigen
- [ ] mehr Geduld aufbringen
- [ ] Beweggründe erläutern
- [ ] weniger Kontrolle ausüben

I

- [ ] ein langsameres Tempo anschlagen
- [ ] Emotionen kontrollieren
- [ ] Wert der Aktivitäten beurteilen
- [ ] Durchhaltevermögen verbessern
- [ ] weniger reden, besser zuhören
- [ ] Konzentration auf Details/Fakten
- [ ] Konzentration auf Resultate
- [ ] weniger impulsiv sein

G

- [ ] mehr Offenheit/Flexibilität zeigen
- [ ] mehr auf die Intuition vertrauen
- [ ] schneller reagieren
- [ ] Beziehungen mehr Wichtigkeit einräumen
- [ ] weniger Betonung auf Fakten legen
- [ ] eine größere Risikobereitschaft zeigen
- [ ] persönliche Beziehungen entwickeln
- [ ] optimistischer sein

S

- [ ] sich Konfrontationen stellen
- [ ] direkter, entschlussfreudiger sein
- [ ] lernen, Nein zu sagen
- [ ] mehr Entscheidungsfreude zeigen
- [ ] ein schnelleres Tempo anschlagen
- [ ] Konfrontationen nicht ausweichen
- [ ] weniger empfindlich sein
- [ ] sich auf die Aufgabe konzentrieren

Welches sind Ihre wichtigsten persönlichen Schritte, die Sie als Nächstes angehen müssen, um Ihre Anpassungsfähigkeit in Ihren beruflichen oder privaten Beziehungen zu verbessern?

1.

2.

3.

4.

5.

Persönliche Entwicklungspläne für „D"-Typen:

Abschließend finden Sie für jeden der vier Verhaltensstile eine Zusammenfassung der fünf Schritte Ihrer persönlichen Anpassungsstrategie.

1. Verhalten identifizieren	„D"-Gegenüber	„I"-Gegenüber
2. Zwischenmenschliche Bedürfnisse anderer verstehen	☐ Seien Sie direkt. ☐ Beantworten Sie das „WAS". ☐ Ziele und Resultate erreichen. ☐ Stimmen Sie seinen Zielen zu, und akzeptieren Sie Kontrolle.	☐ Zeigen Sie Enthusiasmus. ☐ Beantworten Sie das „WER". ☐ Teamarbeit und Anerkennung bekommen. ☐ Zeigen Sie sich mit seinen Vorstellungen und seiner Zeitplanung einverstanden.
3. Positive Einstellungen entwickeln	☐ Entschlussfreudig, unabhängig, effizient, praktisch, entschlossen	☐ Mitreißend, enthusiastisch, dramatisch, kontaktfreudig, persönlich
4. Konfliktbereiche identifizieren	☐ Meine Tendenz zu übermäßiger Kontrolle. ☐ Meine Tendenz, seine Freiheiten und Möglichkeiten zu stark einzuschränken.	☐ Meine Tendenz, selten Lob und Ermutigungen auszusprechen. ☐ Meine zu stark ausgeprägte Ergebnisorientierung.
5. Gewonnene Anpassungsfähigkeit einsetzen	☐ Weniger Kontrolle ausüben. ☐ „D" mehr Handlungsfreiraum geben.	☐ „I" häufiger Lob und Unterstützung aussprechen. ☐ Öfter zuhören; flexibler sein und sich mehr auf den Menschen konzentrieren.
1. Verhalten identifizieren	„G"-Gegenüber	„S"-Gegenüber
2. Zwischenmenschliche Bedürfnisse anderer verstehen	☐ Seien Sie analytisch. ☐ Beantworten Sie das „WIE". ☐ Ziele und Qualität sicherstellen. ☐ Legen Sie Wert auf Zahlen, Daten, Fakten und logische Vorgehensweise.	☐ Zeigen Sie Ihre Freundschaft. ☐ Beantworten Sie das „WARUM". ☐ Teamarbeit und Beziehungen aufbauen. ☐ Betonen Sie die Übereinstimmung und Gemeinsamkeiten.
3. Positive Einstellungen entwickeln	☐ Gründlich, ausdauernd, ordnungsliebend, ernsthaft, fleißig	☐ Unterstützend, bereitwillig, zuverlässig, verlässlich, einverstanden
4. Konfliktbereiche identifizieren	☐ Mein schnelles Tempo und deshalb mangelnde Gründlichkeit. ☐ Meine zu starke Risikobereitschaft.	☐ Meine Tendenz, mir keine Zeit zu nehmen, um zuzuhören. ☐ Dass mir meine Zeit wichtiger ist als meine Beziehungen.
5. Gewonnene Anpassungsfähigkeit einsetzen	☐ Geduldig und gründlicher sein. ☐ Sich mehr Zeit nehmen, um Fakten zu sammeln und so das Risiko zu verringern.	☐ Geduldig und weniger direkt sein. ☐ Sich mehr auf persönliche Beziehungen konzentrieren; herzlicher und offener sein.

Persönliche Entwicklungspläne für „I"-Typen:

(Schritte 2 und 3 siehe Seite 85)

1. Verhalten identifizieren	„D"-Gegenüber	„I"-Gegenüber
4. Konfliktbereiche identifizieren	☐ Meine mangelnde Ergebnis-orientierung. ☐ Meine starke Emotionalität.	☐ Meine Tendenz, die ihm zukommende Aufmerksamkeit zu schmälern. ☐ Mein mangelnder Enthusiasmus, wenn es sich nicht um meine eigene Idee handelt.
5. Gewonnene Anpassungs-fähigkeit einsetzen	☐ Ergebnisorientierter sein. ☐ Meine Handlungen und Emotionen besser kontrollieren.	☐ „I" größere Aufmerksamkeit zukommen lassen. ☐ Ideen unterstützen, „I" öfter loben.
1. Verhalten identifizieren	„G"-Gegenüber	„S"-Gegenüber
4. Konfliktbereiche identifizieren	☐ Meine mangelnde Konzentration auf Details. ☐ Spontaneität und Impulsivität.	☐ Mein zu schnelles Tempo. ☐ Die Oberflächlichkeit mancher meiner Beziehungen.
5. Gewonnene Anpassungs-fähigkeit einsetzen	☐ Mich mehr auf Details und Fakten konzentrieren. ☐ Weniger impulsiv sein.	☐ Mein Tempo verringern. ☐ Tiefere Beziehung zu „S" aufbauen.

Persönliche Entwicklungspläne für „S"-Typen:

(Schritte 2 und 3 siehe Seite 85.)

1. Verhalten identifizieren	„D"-Gegenüber	„I"-Gegenüber
4. Konfliktbereiche identifizieren	☐ Meine Vorliebe für „Small Talk". ☐ Meine indirekten Aussagen und meine Abneigung gegenüber Veränderungen.	☐ Mein langsames Tempo. ☐ Mein mangelnder Enthusiasmus.
5. Gewonnene Anpassungs-fähigkeit einsetzen	☐ Direkter und weniger empfänglich dafür sein, was die anderen denken. ☐ Offener sein für Veränderungen.	☐ Ein schnelleres Tempo. ☐ Mich für seine Ideen begeistern.
1. Verhalten identifizieren	„G"-Gegenüber	„S"-Gegenüber
4. Konfliktbereiche identifizieren	☐ Meine Empfindlichkeit gegenüber Kritik. ☐ Konzentration auf Menschen, Vorliebe für „Small Talks", Desinteresse an Details.	☐ Meine Tendenz, ungern die Initiative zu ergreifen. ☐ Meine Unentschlossenheit.
5. Gewonnene Anpassungs-fähigkeit einsetzen	☐ Weniger sensibel sein. ☐ Mich mehr auf die Details der Aufgabe konzentrieren.	☐ Öfter die Initiative ergreifen. ☐ Eine größere Entschlussfreudigkeit zeigen.

Persönliche Entwicklungspläne für „G"-Typen:

1. Verhalten identifizieren	„D"-Gegenüber	„I"-Gegenüber
2. Zwischenmenschliche Bedürfnisse anderer verstehen	☐ Seien Sie direkt. ☐ Beantworten Sie das „WAS". ☐ Ziele und Resultate erreichen. ☐ Stimmen Sie seinen Zielen zu, und akzeptieren Sie Kontrolle.	☐ Zeigen Sie Enthusiasmus. ☐ Beantworten Sie das „WER". ☐ Teamarbeit und Anerkennung bekommen. ☐ Zeigen Sie sich mit seinen Vorstellungen und seiner Zeitplanung einverstanden.
3. Positive Einstellungen entwickeln	☐ Entschlussfreudig, unabhängig, effizient, praktisch, entschlossen	☐ Mitreißend, enthusiastisch, dramatisch, kontaktfreudig, persönlich
4. Konfliktbereiche identifizieren	☐ Mein langsames Tempo und methodischeres Vorgehen. ☐ Meine mangelnde Risikobereitschaft.	☐ Meine zu starke Konzentration auf Details und Fakten. ☐ Meine zu große Kritik an seinen Ideen.
5. Gewonnene Anpassungsfähigkeit einsetzen	☐ Schneller reagieren. ☐ Größere Risikobereitschaft zeigen.	☐ Mich weniger auf Details und Fakten konzentrieren. ☐ Ideen optimistisch gegenüberstehen.
1. Verhalten identifizieren	„G"-Gegenüber	„S"-Gegenüber
2. Zwischenmenschliche Bedürfnisse anderer verstehen	☐ Seien Sie analytisch. ☐ Beantworten Sie das „WIE". ☐ Ziele und Qualität sicherstellen. ☐ Legen Sie Wert auf Zahlen, Daten, Fakten und logische Vorgehensweise.	☐ Zeigen Sie Ihre Freundschaft. ☐ Beantworten Sie das „WARUM". ☐ Teamarbeit und Beziehungen aufbauen. ☐ Betonen Sie die Übereinstimmung und Gemeinsamkeiten.
3. Positive Einstellungen entwickeln	☐ Gründlich, ausdauernd, ordnungsliebend, ernsthaft, fleißig	☐ Unterstützend, bereitwillig, zuverlässig, verlässlich, einverstanden
4. Konfliktbereiche identifizieren	☐ Meine Tendenz, alles korrekter als andere machen zu wollen. ☐ Meine zu starke Kritik an seiner Arbeit.	☐ Meine Tendenz, nicht offen zu zeigen, wie ich mich wirklich fühle. ☐ Mangelndes Interesse an einer Beziehung.
5. Gewonnene Anpassungsfähigkeit einsetzen	☐ Offener und flexibler gegenüber seinen Vorstellungen werden. ☐ Die Qualität seiner Arbeit anerkennen.	☐ „S" meine Gefühle mitteilen. ☐ Eine Beziehung mit im/ihr eingehen.

Aktion/Übung

Ihre persönliche Anpassungsstrategie

Wenden Sie nun diese fünf Schritte zur Verbesserung Ihrer Anpassungsfähigkeit bei einer ganz bestimmten Person an, die Ihnen wichtig ist und mit der Sie sich eine effektivere Beziehung wünschen, also ein Kollege, ein Kunde oder ein Familienmitglied:

Sein/Ihr Name ist:

Meine stärkste Verhaltenstendenz ist:

1. Schritt: Durch Beobachten das Verhalten des anderen erkennen
Seine/Ihre DISG®-Verhaltenstendenzen sind (S. 79):

2. Schritt: Auf die Bedürfnisse des anderen eingehen
Seine/Ihre zwischenmenschlichen Bedürfnisse sind (S. 81):

Wie verhalte ich mich gegenüber dieser Person?

Wie überzeuge ich diese Person?

Wie führe ich diese Person?

Wenn ich anderer Meinung bin als diese Person:

3. Schritt: Positive Einstellung gegenüber anderen entwickeln
Seine/Ihre Stärken sind (S. 82):

4. Schritt: Konfliktbereiche identifizieren
Verhaltensweisen von mir, die bei ihm/ihr Spannungen erzeugen (S. 83):

5. Schritt: Die gewonnene Anpassungsfähigkeit einsetzen
Diese Verhaltensweisen sollte ich im Hinblick auf diese Person ändern (S. 84):

Die Verbesserung Ihrer Effektivität

Abschließend finden Sie konkrete Hinweise, wie Sie Ihre persönliche Effektivität im Umgang mit anderen durch folgende Verhaltensstrategien verbessern können:

D

- [ ] Sich mehr Zeit nehmen, um mögliche Konsequenzen vor dem Handeln zu überdenken.
- [ ] Zuhören und die Gedanken, Gefühle und Erfahrungen anderer mehr berücksichtigen.
- [ ] Situationen so lösen, dass beide Seiten „gewinnen" können.
- [ ] Eigene Gedankengänge erläutern, statt nur die Schlussfolgerungen zu nennen.
- [ ] Lernen, mit anderen im Team zusammenzuarbeiten, ohne gleich das Kommando übernehmen zu wollen.
- [ ] Mehr Takt und eine diplomatische Vorgehensweise in der Kommunikation und beim Umgang mit anderen entwickeln.
- [ ] Andere wegen ihres Einsatzes anerkennen.

I

- [ ] Menschen und Situationen realistischer einschätzen; nicht nur positive Informationen, sondern auch Negatives berücksichtigen.
- [ ] Vorgehensweisen erlernen, um Aufgaben geordnet und rechtzeitig zu erledigen.
- [ ] Fähigkeiten entwickeln, fest und direkt mit zwischenmenschlichen Konflikten umzugehen.
- [ ] Bereitschaft entwickeln, die negativen Gedanken und Gefühle anderer anzuhören und zu bedenken.
- [ ] Konsequenter bei der Erledigung von wichtigen Detailarbeiten werden.
- [ ] Besseres Zeitmanagement entwickeln.
- [ ] Bei Besprechungen und Gesprächen die erforderliche Zeit vorher abschätzen.

G

- [ ] Bestehende Qualitätsansprüche durch Terminbewusstsein ausgleichen.
- [ ] Ohne Abwehrhaltung auf Kritik an der eigenen Leistung reagieren.
- [ ] Kritik an der Leistung anderer relativieren, indem nicht nur Tatsachen, sondern auch Gefühle berücksichtigt werden.
- [ ] Wissen und Information offen mit anderen teilen; dabei auch auf andere hören.
- [ ] Selbstoffenbarung und angebrachte Gefühlsäußerungen einüben.
- [ ] Bereitschaft entwickeln, über Leistungsmaßstäbe zu verhandeln.
- [ ] Offener für die Vorgehensweisen anderer werden.
- [ ] Rechthaberei und Sturheit vermeiden.

S

- [ ] Fähigkeit entwickeln, auch auf unerwartete Veränderungen einzugehen.
- [ ] Techniken zur schnelleren Entscheidungsfindung erlernen.
- [ ] Diskussionen in Ganz setzen, um unklare Situationen zu klären.
- [ ] Neue Herausforderungen suchen und annehmen.
- [ ] Größere Flexibilität auch bei Routinearbeiten entwickeln.
- [ ] Nach rationellen Methoden suchen, um die Arbeit effektiver und routinierter zu gestalten.
- [ ] Suche nach Hilfsmitteln, die zur Erledigung von Aufgaben hilfreich sein können.

Wir wünschen Ihnen, dass Sie sich mit Menschen beschäftigen und besser mit solchen harmonisieren, die einen anderen Verhaltensstil als Sie selbst haben.

›Buchtipps

› Blanchard, Kenneth, mit Zigarmi,
Patricia und Drea:
**Der 01-Minuten-Manager:
Führungsstile.**
2. Aufl. Reinbek b. Hamburg:
Rowohlt, 1995.

› Boyd, Charles F., mit Boehi, David
und Rohm, Robert A.:
Welche Eltern braucht Ihr Kind?
Wege zu einer typengemäßen
Erziehung.
Wuppertal: R. Brockhaus, 1997.

› Crisand, Ekkehard:
Psychologie der Persönlichkeit.
Eine Einführung.
7. Aufl. Heidelberg: Sauer, 1996.

› Friedrich, Kerstin; Seiwert, Lothar J.
und Geffroy, Edgar K.:
**Das neue 1 x 1 der Erfolgs-
strategie.**
EKS® – Erfolg durch Spezialisierung.
9. Aufl. Offenbach: GABAL, 2003.

› Gay, Friedbert (Hrsg.):
Das DISG-Persönlichkeits-Profil.
Mit dem original DISG-Testmaterial
zur Selbstauswertung.
27. Aufl. Offenbach: GABAL, 2003.

› Gay, Friedbert und Herzler, Hanno:
**Ich brauch dich und du brauchst
mich.**
Begegnung – Bestätigung –
Bereicherung.
Wuppertal: R. Brockhaus, 1996.

› Hobert, Gerrit und Vollmer, Günter:
**Persönlichkeitsprofile:
Beobachten – einschätzen –
verändern.**
Stuttgart und Dresden: Klett, 1994.

› Küstenmacher, Werner Tiki,
mit Seiwert, Lothar J.:
Simplify Your Life.
Einfacher und glücklicher leben.
11. Aufl. Frankfurt und New York:
Campus, 2004.

› Schimmel-Schloo, Martina;
Seiwert, Lothar J. und
Wagner, Hardy (Hrsg):
PersönlichkeitsModelle.
Die zehn wichtigsten Modelle
für Coaches, Trainer und Personal-
entwickler.
Mit CD-ROM.
Offenbach: GABAL, 2002.

> Seiwert, Lothar:
**Das Bumerang-Prinzip:
Don't hurry, be happy.**
In fünf Schritten zum Lebens-
künstler.
München: Gräfe und Unzer, 2003.
(www.bumerang-prinzip.de)

> Seiwert, Lothar:
**Das Bumerang-Prinzip:
Mehr Zeit fürs Glück.**
Life-Balance: Gesünder, erfolg-
reicher und zufriedener leben.
Extra: Mit Bumerang und
Zeit-Guide.
4. Aufl. München: Gräfe und
Unzer, 2003.
(www.bumerang-prinzip.de)

> Seiwert, Lothar:
**Das neue 1 x 1 des
Zeitmanagement.**
Zeit im Griff, Ziele in Balance.
26. Aufl. München: Gräfe und
Unzer, 2004.
(www.seiwert.de)

> Seiwert, Lothar:
**Wenn du es eilig hast,
gehe langsam.**
Das neue Zeitmanagement in einer
beschleunigten Welt.
8. Aufl. Frankfurt und New York:
Campus, 2003.

> Web-Adressen

Informations- und Beratungsdienste

> **Simplify Your Life.**
Einfacher und glücklicher leben.
Monatlicher persönlicher Bera-
tungsdienst.
Bonn: VNR Verlag für die deutsche
Wirtschaft, 1999 ff.
www.simplify.de

> **Seiwert-Brief:**
WORK-LIFE-COACHING – für ein
Leben in Balance. Monatlicher
Beratungs- und Trainingsbrief.
München: Aktuell Verlag im Olzog
Verlag, 2000 ff.
www.coaching-briefe.de

Elektronische Newsletter

> **Simplify-Mail.**
Motivationsletter mit nur einem
(!) wichtigen Tipp (kostenlos)
www.simplify.de

> **Seiwert-Tipp.**
Kurzer, knapper Newsletter
mit praktisch umsetzbarem
Sofort-Nutzen (kostenlos,
erscheint wöchentlich)
www.seiwert.de und
www.bumerang-prinzip.de

›Register

A

Anpassungs(fähigkeit)
  -strategie   75 ff.
Aufschieberitis   40

B

Bedürfnisse
–, männlich   53 ff.
–, weibliche   25 ff.

D

Delegieren   39 f.
DISG®-Modell   14 ff.
DISG®-Typen   25 ff.
Dominant
– DISG®-Typen   25
– Kind   62
– Partner   52 f.
– Teammitglied   42
– Verhaltensstil   21
– Zeitmanager   34

E

Effektivität   11, 46 ff.,
  81, 89
Elternstrategien
  67 ff.
Engpässe   67, 72
Entwicklungspläne
  85 ff.
Erziehungs
  -tipps   70 ff.
  -verhalten   66

G

Gewissenhaft
– DISG®-Typen   28
– Kind   65
– Partner   58 f.
– Teammitglied   45
– Verhaltensstil   24
– Zeitmanager   37

I

Initiativ
– DISG®-Typen   26
– Kind   63
– Partner   54 f.
– Teammitglied   43
– Verhaltensstil   22
– Zeitmanager   35

K

Kindererziehung
  61 ff.
Kommunikation   48,
  53 ff., 70 f., 85 ff.
Konfliktbereiche   46 f.,
  53 ff., 83, 85 ff.

P

Partnerschaft(s)
  -Strategien   60
Persönlichkeit(s)
  -Profil   19
  -Strategien   85 ff.

S

Selbst-Test   17, 29,
  76
Stärken   11, 21 ff.,
  43 ff., 67, 82
Stetig
– DISG®-Typen   27
– Kind   64
– Partner   56 f.
– Teammitglied   44
– Verhaltensstil   23
– Zeitmanager   36

T

Teamarbeit   41 ff.

V

Verhaltensstile   17,
  20 ff.

Z

Zeitmanagement
  33 – 40
Zeitmanagement-Tipps
  38 ff.
Zeitmanager   34 ff.
Ziele   38
Zusammenarbeit
–, Strategien für   46 f.

› Impressum

© 2004 GRÄFE UND UNZER VERLAG GmbH, München.

Alle Rechte vorbehalten. Nachdruck, auch auszugsweise, sowie Verbreitung durch Bild, Funk, Fernsehen und Internet, durch fotomechanische Wiedergabe, Tonträger und Datenverarbeitungssysteme jeder Art nur mit schriftlicher Genehmigung des Verlages.

Programmleitung und Redaktion:
Steffen Haselbach
Lektorat: Dunja Götz-Ehlert

Titelfoto: PS Model Management Munich
Autorenfoto Seiwert: Gaby Gerster
Kapitelaufmacher: 1) Jahreszeitenverlag;
2) Andreas Hosch; 3) Stone; 4) Zefa;
Umschlag und Gestaltung:
independent Medien-Design

Herstellung: Bettina Häfele
Satz: Filmsatz Schröter, München
Repro: w & co Media Services, München
Druck und Bindung: Appl, Wemding

ISBN: 3-7742-6161-X

Umwelthinweis
Dieses Buch wurde auf chlorfrei gebleichtem Papier gedruckt. Um Rohstoffe zu sparen, haben wir auf Folienverpackung verzichtet.

Wichtiger Hinweis
Die Beiträge in diesem Buch sind sorgfältig recherchiert und entsprechen dem aktuellen Stand.
Abweichungen, beispielsweise durch seit Drucklegung geänderte Preise, Gebühren, Anlageentwicklungen, WWW-Adressen etc. sind nicht auszuschließen.
Weder Autor noch Verlag können für eventuelle Nachteile oder Schäden, die aus den im Buch gegebenen praktischen Hinweisen resultieren, eine Haftung übernehmen.

Auflage	4.	3.	2.	1.
Jahr	07	06	05	04

Das Original mit Garantie

Ihre Meinung ist uns wichtig.
Deshalb möchten wir Ihre Kritik, gerne aber auch Ihr Lob erfahren, um als führender Ratgeberverlag für Sie noch besser zu werden.
Darum: Schreiben Sie uns!
Wir freuen uns auf Ihre Post und wünschen Ihnen viel Spaß mit Ihrem GU-Ratgeber.

Unsere Garantie: Sollte ein GU-Ratgeber einmal einen Fehler enthalten, schicken Sie uns bitte das Buch mit einem kleinen Hinweis innerhalb von sechs Monaten nach dem Kauf zurück. Wir tauschen Ihnen den GU-Ratgeber gegen einen anderen zum gleichen oder ähnlichen Thema um.

GRÄFE UND UNZER VERLAG
Redaktion Leben & Lernen
Postfach 86 03 25
81630 München
Fax: 089/4 19 81-113
E-Mail: leserservice@
graefe-und-unzer.de

Ein Unternehmen der
GANSKE VERLAGSGRUPPE

persolog

| Verlag für Managementsysteme
| Akademie
| Consulting

Die persolog GmbH bietet Managementsysteme, die in Personal- und Organisationsentwicklung eine wertvolle Hilfe bilden. Mit ihren Analysetools entwickelt und erprobt die persolog GmbH seit 1990 wissenschaftlich fundierte und überprüfte Lerninstrumente.

Die persolog GmbH steht für Internationalität: Unsere Produkte sind in 22 Sprachen verfügbar und werden weltweit von mehr als 40 Millionen Menschen angewendet, allein 600.000 sind es bereits im deutschsprachigen Raum.

In unserer Akademie bieten wir Autorisierungen, Seminare, Workshops und Vorträge an. Wir informieren Sie gerne über unsere Leistungen. Speziell möchten wir Sie auf einige Vortragsthemen hinweisen:

Die Entwicklung der Persönlichkeit

| Persönliche Stärke ist kein Zufall
Was ist notwendig, um Ihre Stärken im Alltag anwenden zu können?

Werte/Unternehmenskultur

| Aufbauen was Wert hat!
Wie die Werteorientierung hilft, langfristig angelegten Unternehmenserfolg sicherzustellen.

Weitere Informationen erhalten Sie bei

persolog GmbH
Königsbacher Straße 21 · D-75196 Remchingen
Tel. +49 (0) 72 32. 36 99 0 · Fax +49 (0) 72 32. 36 99 44
mail@persolog.com · www.persolog.com

LOTHAR SEIWERT BEI GU

ISBN 3-7742-5561-X
240 Seiten | € 22,90 [D]

ISBN 3-7742-5670-5
96 Seiten | € 12,90 [D]

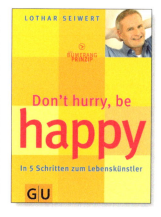

ISBN 3-7742-5562-8
128 Seiten | € 12,90 [D]

Das Bumerang-Prinzip: Mehr Zeit fürs Glück
Bringen Sie Ihr Leben in Balance: mit typgerechten Lebens-Management-Strategien und vielen Tipps. Extra: Bumerang und »Zeit Guide«.

Das neue 1×1 des Zeitmanagement
Mit den richtigen Arbeitshilfen haben Sie Ihre Zeit schon morgen besser im Griff. Enthält Selbsttests für die Ich-Analyse und Arbeitsvorlagen.

Don't hurry, be happy
Das Fünf-Schritte-Programm für alle, die aus dem Gefängnis hektischer Betriebsamkeit ausbrechen möchten.

Gutgemacht. Gutgelaunt.

Time-Management und Life-Leadership®

Das neue Zeit- und Lebens-Management in einer beschleunigten Welt.

Wenn nicht jetzt, wann dann?

Mit Prof. Seiwert und seinem Expertenteam können Sie Ihr Wissen über Time-Management und Life-Leadership über die Lektüre dieses Buches hinaus vertiefen. Durch persönliches Training und effizientes Coaching lernen Sie ganz konzentriert, wie Sie mehr Zeit für das Wesentliche finden. Wir informieren Sie gerne. Sprechen Sie unverbindlich mit uns, und lassen Sie sich kostenlose Informationen schicken über:

- Motivations-Vorträge im Dialog mit Prof. Seiwert in Ihrem Unternehmen oder auf Ihren Tagungen
- Firmeninterne Time-Management- und Life-Leadership-Seminare
- Öffentliche Seminare mit Prof. Seiwert – Ihr Kompaktwissen für die Umsetzung in der täglichen Praxis
- Work-Life-Balance, Coaching
- Zeitmanagement-Bücher, -Audio, -Video, -Software, -Tests, u. a. Time Mastery

Wenn nicht so, wie denn?

Nutzen Sie die Zeit! Kopieren Sie einfach diese Seite, und faxen oder schicken Sie uns Ihre Wünsche. Oder rufen Sie uns an.

Name	Vorname
Firma	Abteilung
Straße/ Postfach	PLZ/ Ort
Telefon	Fax
e-mail	Homepage

SEIWERT-INSTITUT GMBH
Adolf-Rausch-Str. 7 • D-69124 Heidelberg
Fon: 0 62 21/78 77-0 • Fax: 0 62 21/78 77 22
E-mail: info@seiwert.de • Internet: www.seiwert.de